INICIAÇÃO À VIDA CRISTÃ

EUCARISTIA

Coleção Água e Espírito

Iniciação à vida cristã

- *Batismo; Confirmação / Eucaristia de adultos*
  Livro do Catequista e Livro do Catequizando
  Leomar A. Brustolin e Antonio Francisco Lelo

- *Catecumenato crismal*
  Livro do Catequista, Livro do Crismando e Livro da Família
  Nucap

- *Perseverança*
  Livro do Catequista, Livro do Catequizando e Livro da Família
  Nucap

- *Eucaristia*
  Livro do Catequista, Livro do Catequizando e Livro da Família
  Nucap

- *7-8 anos*
  Livro do Catequista e Livro do Catequizando e da Família
  Nucap

- *Iniciação à vida cristã dos pequeninos*
  Livro do Catequista e Portfólio do Catequizando e da Família
  Erenice Jesus de Souza

- *Batismo de crianças*
  Livro do Catequista e Livro dos Pais e Padrinhos
  Nucap

Núcleo de Catequese Paulinas – Nucap

INICIAÇÃO À VIDA CRISTÃ

EUCARISTIA

Livro do Catequizando

Edição ampliada com querigma e leitura orante

Paulinas

Dados Internacionais de Catalogação na Publicação (CIP)
(Câmara Brasileira do Livro, SP, Brasil)

Iniciação à vida cristã : eucaristia : livro do catequizando / Núcleo de Catequese Paulinas - NUCAP . – 13. ed. – São Paulo : Paulinas, 2013. – (Coleção água e espírito)

Bibliografia
ISBN 978-85-356-3395-5

1. Catequese - Igreja Católica 2. Catequistas 3. Eucaristia 4. Primeira Comunhão - Estudo e ensino I. Núcleo de Catequese Paulinas - NUCAP. II. Série.

12-14479   CDD-234.163

Índice para catálogo sistemático:
1. Eucaristia : Iniciação : Catequese : Cristianismo   234.163

Citações bíblicas: *A Bíblia de Jerusalém*. São Paulo, Paulus, 1973.

Direção-geral: *Bernadete Boff*
Editores responsáveis: *Vera Ivanise Bombonatto e Antonio Francisco Lelo*
Redatores: *Antonio Franscisco Lelo (coordenador), Abadias Aparecida Pereira, Erenice Jesus de Souza Luiz Alexandre Solano Rossi e Sandra Alves Silva*
Copidesque: *Mônica Elaine G. S. da Costa*
Coordenação de revisão: *Marina Mendonça*
Revisão: *Ana Cecilia Mari*
Gerente de produção: *Felício Calegaro Neto*
Capa e editoração eletrônica: *Manuel Rebelato Miramontes*
Ilustrações: *Gustavo Montebello*

Nenhuma parte desta obra poderá ser reproduzida ou transmitida por qualquer forma e/ou quaisquer meios (eletrônico ou mecânico, incluindo fotocópia e gravação) ou arquivada em qualquer sistema ou banco de dados sem permissão escrita da Editora. Direitos reservados.

13ª edição – 2013
18ª reimpressão – 2024

Cadastre-se e receba nossas informações
paulinas.com.br
Telemarketing e SAC: 0800-7010081

Paulinas
Rua Dona Inácia Uchoa, 62
04110-020 – São Paulo – SP (Brasil)
(11) 2125-3500
editora@paulinas.com.br
© Pia Sociedade Filhas de São Paulo – São Paulo, 2008

Sumário

Introdução 7

Unidade I – Encontrar-se com Jesus Cristo 9
   Encontro 1. Qual é nossa identidade? 11
   Encontro 2. Somos comunidade 14
   Encontro 3. Vem e vê 17
   Encontro 4. O Reino de Deus chegou 20
   Encontro 5. O paralítico é curado 23
   Encontro 6. Leitura orante – Zaqueu: o encontro
   com Jesus 26
   Celebração de abertura da catequese 30

Unidade II – Deus preparou o seu povo 35
   Encontro 7. Deus fez este mundo tão grande e tão bonito ...37
   Encontro 8. Homem e mulher, imagem e semelhança
   de Deus 40
   Encontro 9. Afastar-se de Deus 43
   Encontro 10. Deus continuou com seu povo 46
   Encontro 11. Moisés, chamado por Deus 49
   Encontro 12. Deus libertou seu povo 52
   Encontro 13. Aliança: mandamentos 55
   Encontro 14. Deus preparou o povo para receber
   o Salvador 59
   Encontro 15. Leitura orante – Vocação de Isaías 62
   Encontro 16. Liturgia da Palavra: "Éfeta" 66

Unidade III – O Reino de Deus está próximo 71
   Encontro 17. A Virgem esperou com amor de mãe 73
   Encontro 18. João anunciou estar próximo o Reino 77
   Encontro 19. Nasceu o Salvador 80

Encontro 20. Jesus está pleno do Espírito
(Batismo de Jesus)..84
Encontro 21. Leitura orante – Quem é Jesus 87
Encontro 22. A multiplicação dos pães 90
Encontro 23. Perdão dos pecados.......................................94
Encontro 24. Jesus chama os apóstolos 97
Encontro 25. Leitura orante – Vocação de Mateus............100
Encontro 26. Ensino através das parábolas.......................104
Encontro 27. O semeador...107
Encontro 28. O bom samaritano 110
Encontro 29. Jesus ensina a rezar o Pai-nosso..................115
Entrega do Creio e do Pai-nosso 118

UNIDADE IV – A PÁSCOA DE CRISTO 121
Encontro 30. Bem-aventuranças 123
Encontro 31. Jesus celebra a Páscoa 126
Encontro 32. Jesus morre na cruz 130
Encontro 33. Jesus ressuscita..133
Encontro 34. Leitura orante – A Eucaristia......................136
Encontro 35. O Espírito continua a missão de Cristo 140

UNIDADE V – SINAIS DO REINO 145
Encontro 36. A Igreja, Corpo de Cristo 147
Encontro 37. Eucaristia, Corpo de Cristo 151
Encontro 38. Participamos da Páscoa................................154
Encontro 39. A presença de Cristo....................................157
Encontro 40. A mesa da Palavra..161
Encontro 41. A mesa da Eucaristia....................................164
Encontro 42. O domingo 167

UNIDADE VI – PREPARAÇÃO PRÓXIMA 169
Encontro 43. O sacramento da Penitência 171
Celebração do perdão – Deus nos procura 175
Batismo dos catecúmenos e renovação
das promessas batismais 179
Orações 186

Introdução

Jesus disse: "Deixai as crianças virem a mim" (Mc 10,14).

Você e sua turma atenderam ao chamado de Deus. Nós nos reunimos para pensar, conversar, criar... e muito mais, com o objetivo de entender melhor a Palavra de Deus.

Catequizando, participe! Seja curioso e animado, esteja à disposição da sua comunidade para servir. A sua caminhada iniciou-se no Batismo, quando você se tornou membro do Corpo de Cristo, a sua Igreja. Agora é a vez de receber o corpo sacramental de Cristo na Eucaristia para juntos formarmos o Corpo de Cristo que é a Igreja, povo de Deus.

Durante os encontros da catequese e nas celebrações eucarísticas, preste bastante atenção ao que acontece: converse com o catequista, esclareça suas dúvidas; em casa, converse com sua família; na escola, converse com seus colegas e amigos – diga-lhes o quanto Deus é importante. Enfim, procure viver a mensagem de Jesus. Para sua comunidade, demonstre carinho. Acolha a quem precisa. Seja uma criança inteligente que saiba ajudar.

E o que desejamos a você com este material? Que você e sua turma possam aprender muito e, principalmente, ensinar muito mais a outros. Assim é a vida: nós aprendemos e ensinamos para outros, que aprendem e para outros ensinam.

Deus os guarde e ilumine!

Unidade I
Encontrar-se com Jesus Cristo

Unidade 1
Encontro com Jesus Cristo

1º encontro

Qual é nossa identidade?

Jesus Ressuscitado traz na auréola e nos pulsos o sinal da cruz, sinal do seu amor que o leva a entregar a própria vida. Ele convida-nos a viver esse amor como caminho de vida.

Vamos conversar com Deus por meio da oração. Apresentamos a ele nosso coração e lhe oferecemos nossa vida. Louvamos, agradecemos e pedimos ao Senhor.

*Você já conversou com Deus hoje?
Já lhe contou sobre sua alegria de estar aqui presente?*

Para ajudá-lo nessa tarefa, vamos apresentar uma pessoa bem especial: Jesus Cristo, que ilumina a vida de muitas pessoas. Desde seu nascimento, o mundo é diferente, bem diferente do que estava sendo, e as pessoas começaram a acreditar na alegria.

Será que você já o conhece?

Esse menino veio ao mundo para trazer a verdade, a felicidade, a esperança, a fé, a caridade, enfim, o amor.

E você, o que veio trazer ao grupo?

Ele está em cada um de nós e nos dá força para viver o que Deus quer de nós. Para que você seja uma criança de fé, é chamada por Deus.

PARA PENSAR

Você faz parte de um grupo. Olhe em volta, veja quem está a seu lado. Todos estão prontos para aprender sobre Deus e viver seu projeto de vida. Por ser uma pessoa valiosa e muito inteligente, você foi escolhida por ele. Ele precisa de você!

A partir de agora, juntos, *navegaremos e avançaremos para águas mais profundas*, conhecendo aos poucos o melhor de cada um de nós. Juntos superaremos as dificuldades e testemunharemos que Jesus Cristo é nosso melhor amigo e irmão e que Deus é o nosso preciosíssimo PAI e o Espírito Santo mora em nós!

Acreditar em Deus, em seu Filho Jesus Cristo e no Espírito Santo, que Jesus nos enviou, é um caminho que construiremos, conhecendo aquilo em que nossa Igreja vive e acredita.

> Que cada um, assim como é, possa vir e voltar ao grupo sendo melhor a cada dia. E a cada encontro vamos conhecer mais a vida de Jesus. Isto é o mais importante.

PARA CELEBRAR

(Trace o sinal da cruz: Em nome do Pai, do Filho e do Espírito Santo. Amém!)

Ao assinalar o Pai, o Filho e o Espírito Santo, formamos uma cruz, símbolo da nossa salvação. Ao dizer a palavra Pai, a mão deve se dirigir à cabeça, gesto que indica e afirma que Deus é quem nos orienta, nos dá o entendimento para que a vida aconteça. Ao cruzarmos as mãos, tocamos no coração, lugar de onde nascem as boas obras.

2º encontro

Somos comunidade

Jesus, vivo e ressuscitado, tem a auréola de glória e santidade, traz as marcas de sua paixão e, hoje, chama a si as crianças de todos os lugares e povos.

Cada um de nós se faz presente no grupo de catequese com seu jeito próprio de ser. Vamos agradecer a Deus pela sua graça em nossa vida e por vivermos em comunidade. Louvemos a vida proclamando:

*Estamos aqui, Senhor,
Para dizer-lhe que sozinhos não podemos viver!*

PARA PENSAR

Leitura bíblica: Mt 19,13-15 – *Deixai as crianças virem a mim*.

"A imposição das mãos é um dos mais belos gestos na Bíblia, porque através dela alguém transmite a outro sua identidade. Um belíssimo gesto de aproximação e de fusão de dois mundos que pareciam ser diferentes. Jesus está com seus discípulos. Um grupo de adultos que pensam como adultos e falam como adultos. Mas a presumida estabilidade desse mundo adulto é invadida pela correria e alegria de crianças que vêm até Jesus. Jesus está no centro e para o centro é que as crianças correm.

Na cultura judaica a criança era apenas uma extensão da mãe que, por sua vez, era posse do homem. Uma sociedade fortemente hierarquizada entre fortes e fracos, homens e mulheres, adultos e crianças. Nessa sociedade o adulto produtivo era a referência máxima de força e, nesse contexto, a criança era considerada inútil e ignorante. Nesse momento a criança, e quem é como ela, passa a ser a depositária do Reino dos Céus.

Quem eram aquelas crianças? Pode-se dizer que são crianças anônimas. Crianças, naquela época, estavam condenadas a viver como subgrupo. Quem se lembra daqueles que vivem nas periferias das cidades e das vilas?

Em Jesus se esconde uma criança. É adulto, mas seus olhos já foram o de uma criança. E o fato de chamá-las ao centro indica que ele também as torna testemunhas do Reino. Elas são protagonistas do movimento de Jesus. Possuem um papel a desempenhar como discípulas e missionárias" (colaboração: Luiz Alexandre Solano Rossi).

Assim como nossa família, nosso grupo também se reúne. Esta é a manifestação de nossa fé, em que convivemos uns com os outros, formando uma comunidade. Todos somos irmãos. Como irmãos nos entendemos, nos ajudamos, conversamos, rimos, choramos, enfim, vivemos para amar uns aos outros.

Para aprendermos a agir em comunidade e sermos cristãos, primeiramente vamos conhecer um pouco da pessoa de Jesus e do Reino que ele fez presente entre nós. Em seguida, veremos que o povo de Deus viveu uma grande história em Israel. Jesus está bem no centro desta história que começou bem antes dele. Saberemos isso ao estudar um livro muito importante: a Bíblia. É uma coleção de livros que narram a Palavra de Deus em muitas histórias que iremos conhecer a cada encontro. A Bíblia é a Palavra nascida da vida do povo em contato com o Deus verdadeiro, de sua experiência de fé; enfim, é a luz que revela para o ser humano o caminho da salvação.

Procure conhecer as pessoas da sua comunidade: o que elas fazem, como vivem e como participam da vida da Igreja. Na sua rua, no seu bairro, quem mais se preocupa com os problemas da comunidade e ajuda a resolvê-los?

PARA CELEBRAR

Vamos abençoar nossa comunidade. Pensemos nas crianças, nos jovens, nos adultos, nos idosos, nos doentes, nos presos, nos tristes e nos alegres, nas famílias que estão em suas casas, nas pessoas que estão longe, trabalhando. Peçamos a Deus por essas pessoas, as conhecidas e as desconhecidas. Que o nosso Pai nos proteja a todos.

3º encontro

Vem e vê

Dois discípulos de João Batista querem conhecer aquele que João dá testemunho de que é o Cordeiro de Deus. Ficam fascinados com o Mestre, a ponto de um deles, André, chamar seu irmão para conhecê-lo; agora é a vez de Simão Pedro.

PARA PENSAR

Leitura bíblica: Jo 1,35-42 – *Vinde e vede*.

"João Batista aponta Jesus para seus discípulos e eles, imediatamente, o seguem. Não é João Batista o Cordeiro de Deus que livrará o mundo do império da escravidão. Também João Batista é apenas uma testemunha que aponta e conduz outros até a presença de Jesus. E Jesus percebendo que novas pessoas o seguem, vira-se para elas e pergunta o que estão fazendo. Na pergunta de Jesus se revela a preocupação de se eles têm consciência do que estão fazendo.

Discipulado é algo sério! Exige reflexão e, portanto, não pode ser vivenciado sem reflexão. Fé é também pensar. Depois de breve conversa e de ter mostrado onde morava, aqueles discípulos deixaram definitivamente a João Batista e se tornaram discípulos de Jesus. Um desses discípulos tinha por nome André, que, completamente tomado por essa nova experiência, conduz seu irmão – Simão Pedro – até Jesus. Quando os dois estão um diante do outro, Jesus olha bem para ele e, mesmo não o conhecendo, age de maneira ousada, isto é, troca-lhe o nome. A partir daquele momento ele passaria a se chamar Cefas (que quer dizer Pedra).

Seguir Jesus é uma experiência de alto impacto. Não significa um seguir a distância e sem que ele influencie em algum detalhe da vida. Ao contrário, seguir Jesus significa estar muito próximo a ele. Tão próximo que ele tem condições de alterar completamente quem somos e o que fazemos. Os discípulos de João tiveram a experiência mais fantástica da vida deles. Viram, a partir do que seria considerado um simples e inofensivo contato, a vida mudar completamente de rumo. Não há como nos aproximarmos de Jesus sem que haja mudanças em nossas vidas" (colaboração: Luiz Alexandre Solano Rossi).

O encontro de Simão com Jesus foi tão impactante, que Jesus, ao olhá-lo firmemente, deu-lhe um outro nome: Pedro. O encontro desses homens com Jesus resultou no *seguimento*, fez com que eles não considerassem nada mais importante do que ficar com ele.

Hoje falamos dos seguidores de *twitter, facebook...* Aí diariamente ficamos por dentro dos lances divertidos, das fotos mais interessantes e das ideias que o dono do *blog* comenta. *Seguir Jesus Cristo* é mais que acompanhar alguém na rede social.

Seguir Jesus significa que queremos pensar e amar como ele, isto é, o modo de ser e de agir dele, como também os seus ensinamentos passam a ser o nosso jeito de viver. Nosso caminho na catequese consistirá, justamente, em conhecer Jesus, amá-lo e procurar viver do jeito dele.

Vamos nos aproximar dele, sentir a sua presença amiga e a força da sua graça. "Vinde e vede!" – É ele que nos convida, neste momento, para conhecer a sua casa e os lugares por onde anda. Ele nos diz: "Vós sois meus amigos, se fizerdes o que eu vos mando. Já não vos chamo servos, porque o servo não sabe o que faz o seu Senhor. Eu vos chamo amigos, porque vos dei a conhecer tudo o que ouvi de meu Pai" (Jo 15,14-15).

Você já pensou que Jesus o chama? Você quer conhecer o modo de Jesus viver? Você lembra a hora e o lugar de acontecimentos importantes da sua vida?

PARA CELEBRAR

Catequista: Jesus morreu e ressuscitou. Hoje, não podemos tocar ou ver Jesus corporalmente, por isso, as celebrações da Igreja rezam com símbolos que o fazem presente aos nossos sentidos. Olhando fixamente para esta luz, repitamos em voz baixa: "Eu vim ao mundo como luz, para que todo aquele que crê em mim não permaneça nas trevas" (Jo 12,46). "Eu sou a luz do mundo" (Jo 9,5).

Catequista: Senhor Jesus, queremos nos encontrar convosco e ser tocados pelo seu amor. Sabemos que sois o nosso amigo de todas as horas, que sempre nos acolheis e nos amais. Por isso, Senhor, vinde ficar conosco. Tomai-nos pela mão e guiai-nos pelo caminho iluminado que nos leva para longe da maldade, da violência e do egoísmo. A vossa luz sempre nos ilumine para sermos cada dia mais generosos e estarmos prontos a fazer o bem.

4º encontro
O Reino de Deus chegou

Jesus, na auréola, traz o sinal de sua cruz. Na sinagoga de Nazaré, onde foi criado, num dia de sábado lê o profeta Isaías 61,1s. O Espírito está sobre ele, por isso diz: "Hoje se cumpriu esta passagem da Escritura que acabastes de ouvir" (Lc 4,21).

Leitura bíblica: Lc 4,14-21 – *Início do ministério em Nazaré da Galileia.*

"Estamos diante do programa de toda a atividade de Jesus. O texto está colocado precisamente no início da vida pública de Jesus. Trata-se de seu programa de trabalho. Se alguém quisesse saber quais seriam as ações, opções e comportamentos de Jesus, bastaria prestar atenção nas palavras que fluíam de seus lábios. Aquilo que Jesus tem para falar desperta a atenção de todos. São palavras carregadas de sentido, recheadas com um projeto de libertação. Palavras que vão ao encontro dos desamparados para que eles possam se sentir seguros e protegidos.

Percebe-se logo que o ministério/vida de Jesus está concentrado na periferia. Ele não se apresenta nos grandes centros nem frequenta as grandes cidades. Sua vida é direcionada aos oprimidos e vulneráveis. Ele decididamente permaneceu ao lado deles e, simultaneamente, condenou os opressores.

Ao ler o texto de Isaías 61,1-2 e aplicá-lo a si mesmo, Jesus assume sua vida e ministério no contexto em que está vivendo. Ele não nega a realidade mesmo que ela seja opressora e criadora de pobreza e de marginalização. Ao contrário, assume sua vocação em meio a uma forte contradição social e se faz solidário daqueles que estavam sendo desumanizados e empobrecidos pelo sistema sociopolítico.

Esta realidade não era estranha a Jesus, pois que também o alcançava, bem como a sua família. A multidão que o segue vive na periferia da vida, é uma quantidade enorme de pessoas pobres, justamente, porque trabalhavam. Apresentam-se como vítimas de uma sociedade que cria a pobreza e faz da miséria um instrumento de riqueza de alguns poucos. Esta multidão passa fome e anda em busca de alimento, como as ovelhas que não têm pastor para alimentá-las. Jesus não lhes vira as costas. A única opção que cabe é o exercício da solidariedade" (colaboração: Luiz Alexandre Solano Rossi).

Reflita sobre as seguintes questões: Para quem ele foi enviado, quem são estas pessoas, como elas viviam. E hoje, diante da nossa realidade, qual é nossa missão? Nós a assumimos de fato?

PARA PENSAR

O centro da mensagem de Jesus é o anúncio da chegada do Reino de Deus – *Completou-se o tempo, e o Reino de Deus está próximo* (Mc 1,15). Esse Reino não se confunde com a força do poder deste mundo com tramas e jogos gananciosos.

O Reino é o próprio Filho de Deus, que assumiu a condição da natureza humana e inaugurou uma nova maneira de nos relacionarmos como filhos do mesmo Pai, isto é, como irmãos, além de estabelecer a fraternidade universal – *Amai-vos uns aos outros*. Foi solidário com os mais fracos, viveu a partilha e foi servidor de todos.

Viver a novidade do Reino é vivenciar as bem-aventuranças, seguir os ensinamentos de Jesus e ser capaz de revelar a mentira do mundo com suas armadilhas de felicidade consumista, de fama, de poder e de riqueza. O Reino se faz presente naqueles que resistem à tirania e injustiça.

Ser cidadão do Reino é encontrar uma nova forma de viver de acordo com o Evangelho, sem apegar-se aos bens deste mundo. Significa buscar as fontes da verdadeira alegria no amor-doação, no gesto de ajudar o outro. Por isso, Jesus disse: "Tive fome, estive doente, com sede e nu e você cuidou de mim" (Mt 25,35).

No decorrer da semana, procure prestar algum serviço em favor dos outros no colégio, na comunidade ou em casa e reflita sobre a seguinte questão: Estamos empenhados em assumir nossa missão de fazer o bem e transformar o que destrói as pessoas e contraria o Reino que Jesus veio anunciar?

5º encontro

O paralítico é curado

Jesus perguntou-lhe: "Queres ficar curado?" O homem estava ali havia 38 anos. Jesus lhe diz: "Levanta-te, pega a tua maca e anda". No mesmo instante o homem ficou curado (Jo 5,6.8).

Catequista: no seu tempo, Jesus curou cegos, epiléticos, paralíticos e muitos que sofriam com doenças incuráveis naquela época, tal como a lepra. As curas efetuadas por Jesus sinalizam a chegada do seu Reino de vida entre nós.

Todos: Jesus, cura-nos das doenças e de todos os males que destroem as pessoas.

Leitor 1: O Senhor tem compaixão daqueles que sofrem e não quer ninguém com dor e tristeza no coração.

Todos: Jesus cura-nos das doenças e de todos os males que destroem as pessoas.

Leitor 2: No Reino de Jesus, não há lugar para a tristeza, a desarmonia e a dor.

Todos: Jesus cura-nos das doenças e de todos os males que destroem as pessoas.

Leitor 3: Jesus cura porque o Reino de Deus chegou com a sua vinda entre nós. Por isso, ele tem força sobre a doença.

Todos: Jesus cura-nos das doenças e de todos os males que destroem as pessoas.

PARA PENSAR

Leitura bíblica: Jo 5,1-15 – O *paralítico à beira da piscina de Betesda*.

Todo encontro com Jesus Cristo é definitivamente transformador! Ele nos disse: "Eu sou o caminho, a verdade e a vida!" (Jo 14,6). Toda doença e invalidez nos aprisionam e nos impedem de viver plenamente. A missão de Jesus é justamente libertar as pessoas. Jesus nos anima, fortalece nossa vontade de lutar e de seguir adiante. Por isso, afirma: "Eu vim para que tenham vida, e a tenham em abundância" (Jo 10,10).

A pergunta de Jesus para o paralítico: "Queres ficar curado?" é dirigida a todo aquele que se sente atingido pela tristeza, falta de sentido de viver e de continuar lutando. Muitas vezes, exteriormente aparentamos estar bem, mas em nosso interior nos encontramos exauridos. Já notaram que, quando estamos tristes, tudo parece ruim e, pior ainda, quando estamos doentes, nada tem graça?

Jesus tem a força para nos colocar de pé outra vez e não nos deixar abater por nada. Sua palavra de ordem dirigida ao paralítico: "Levanta-te, pega a tua maca e anda" também é dirigida a toda pessoa sofredora que perdeu a esperança e se acha paralisada e sem forças para prosseguir na vida. Com Jesus, não há lugar para a tristeza, a dor e a miséria. Somente ele pode nos reerguer e nos ajudar a superar nossas fraquezas.

Identifique pessoas doentes, sofredoras ou com alguma paralisia na comunidade, em sua família ou na escola. Comente no grupo da catequese o que podemos fazer concretamente para ajudá-las. Uma coisa é certa: aproximar-nos e manifestar nossa alegria de estar com elas já será de grande valia.

PARA CELEBRAR

Bênção

O senhor Jesus Cristo esteja contigo para te proteger.

Todos: Amém.

Esteja à tua frente para te conduzir, e atrás de ti para te guardar.

Todos: Amém.

Olhe por ti, te conserve e te abençoe.

Todos: Amém.

E que Deus todo-poderoso nos abençoe, nos guarde e nos livre de todo mal.

Todos: Amém.

6º encontro

Leitura orante – Zaqueu: o encontro com Jesus

O chefe dos cobradores de impostos busca Jesus. Sobe ao alto de uma árvore. O encontro com Jesus produz a sua conversão.

INVOCAÇÃO DO ESPÍRITO SANTO

Catequista: Em nome do Pai e do Filho e do Espírito Santo.

Todos: Amém.

Catequista: Vem, Espírito Santo, abre nossa mente e nosso coração para meditarmos a tua Palavra. Revela-nos o rosto de Jesus e dá-nos coragem para praticá-la.

Todos: Queremos viver a Palavra de Jesus. Queremos fazer a vontade de Deus e nada que lhe desagrade.

LEITURA

Leitura bíblica: Lc 19,1-10 – *A conversão de Zaqueu.*

"Zaqueu é um personagem importante para Lucas. Ele é apresentado como pertencendo a dois mundos muito simbólicos: é coletor de impostos (e por isso considerado impuro), mas também é aquele que responde generosamente ao chamado de Deus. Da mesma forma não nos devemos esquecer de que ele é apresentado como sendo rico. E isso nos leva a pensar que ele provavelmente tinha muitas dificuldades de se libertar das amarras da riqueza, bem como de se relacionar com as demais pessoas, porque, provavelmente, a origem de sua riqueza era ilícita.

Ao aceitar a oferta de Jesus para ficar em sua casa, Zaqueu trouxe para dentro de si a maior das revoluções já pensada por um ser humano: a salvação alcançou a ele e a toda sua casa. A presença de Jesus torna possível o que é humanamente impossível. Aquele que era considerado impuro não está excluído do povo escolhido por Deus. Salvar o perdido pode ser percebido como uma reminiscência de Ezequiel 36,14, que retrata Deus como um pastor. Jesus procura o perdido para salvá-lo.

A aventura de Zaqueu tem início com uma curiosidade. E jamais uma curiosidade alterou de maneira tão grandiosa a vida de uma pessoa e de sua família. Jesus já estava em Jericó e sua fama o precedia. Uma verdadeira multidão o acompanhava por onde andava e em Jericó a situação não era em nada diferente. A cidade se encontrava agitada e Zaqueu não poderia deixar passar em branco essa oportunidade. Nasce nele um único desejo: ver Jesus! Mas do desejo para a sua concretização os passos são enormes.

Num primeiro momento exige mobilização, isto é, Zaqueu precisa sair de sua zona de conforto e de proteção. Afinal, Jesus não irá passar pela rua em que ele trabalha. O passo inicial deverá necessariamente ser dele. Mas é corajoso e sabe muito bem qual o seu objetivo. Ele vai ao encontro de Jesus. Mistura-se ao povo e procura encontrar a melhor posição para enxergá-lo. Contudo, ele não contava que a quantidade de pessoas seria maior do que pensara. E ao perceber a multidão, também precisou olhar para si mesmo e recordar que era pequeno, muito pequeno. Nesse momento o obstáculo parecia ser mais forte do que ele mesmo. Nisso viu uma árvore e, nela, a oportunidade de resolver de uma vez por todas o obstáculo.

Zaqueu é a figura de alguém que supera os obstáculos. Não se deixa abater e muito menos se desiludir. Olha para a frente à procura de uma solução. Sabe muito bem de suas limitações, porém não vive como se fosse limitado. Ele tem um objetivo que move a sua vida e, por conta disso, caminha. A curiosidade de Zaqueu o levou a uma mudança radical. A transformação foi de tal magnitude que ele teve consciência de que sua riqueza não havia sido conseguida de maneira honesta e, diante do impacto da vida de Jesus, ele dará metade de seus bens aos pobres e a todos aqueles que roubou devolverá quatro vezes mais" (colaboração: Luiz Alexandre Solano Rossi).

MEDITAÇÃO

Zaqueu queria muito ver e ouvir Jesus. Para isso ele não mediu esforços, apesar das limitações: grande número de pessoas e sua baixa estatura. E nós, estamos dispostos a ver e ouvir Jesus? Quais seriam as limitações que nos impedem de chegar até ele, de reconhecê-lo, de fazer o que ele nos pede? Como superá-las?

As pessoas, de modo geral, gostam de ouvir músicas e têm seus cantores preferidos. Colecionam CD's e DVD's, pôsteres, vão a shows e não perdem a oportunidade de vê-los de perto, enfrentando para isso qualquer desafio. Zaqueu fez o mesmo com Jesus. Correu para o alto de uma árvore e lá ficou esperando vê-lo passar. Como a gente faz para ver Jesus, hoje?

Zaqueu era desprezado e excluído, pois era tido como um pecador. Mesmo assim, Jesus não pergunta nem exige nada. Apenas o vê como era de fato e entende o que ele queria. Existem hoje pessoas como Zaqueu, que são desprezadas, marginalizadas, excluídas? Como acolhê-las?

A ternura acolhedora de Jesus provocou uma mudança total na vida de Zaqueu. Ele rompeu com toda a estrutura de uma vida anterior e transformou-se profundamente, convertendo-se. Você teria algo a modificar em sua vida? Como Jesus poderia ajudá-lo?

CONTEMPLAÇÃO

Assim como Zaqueu vai ao encontro de Jesus, nós também devemos fazer o mesmo, descobrindo em nossa família e em nossa comunidade ações que revelam o que as pessoas já estão fazendo para conhecer Jesus e viver de acordo com o que ele nos ensina.

Celebração de abertura da catequese

DIÁLOGO COM AS CRIANÇAS

Quem preside: N., o que vocês querem ser?

A criança: Quero ser cristão.

Quem preside: Por que vocês querem ser cristãos?

A criança: Por que creio em Jesus Cristo.

Quem preside: Que dará a fé em Cristo?

A criança: A vida eterna.

Quem preside: Como vocês já creem em Cristo e querem receber o Batismo, vamos acolhê-los com muita alegria na família dos cristãos, onde cada dia vão conhecer melhor a Cristo. Conosco, vão procurar viver como filhos e filhas de Deus, conforme Cristo nos ensinou. Devemos amar a Deus de todo o coração e amar-nos uns aos outros assim como ele nos amou.

ADESÃO

Quem preside: A vida eterna consiste em conhecermos o verdadeiro Deus e Jesus Cristo, que foi enviado por ele. Após ressuscitar dos mortos, Jesus foi constituído, por Deus, Senhor da vida e de todas as coisas, visíveis e invisíveis. Se vocês querem ser discípulos deles e membros da Igreja, é preciso que sejam instruídos em toda a verdade revelada por ele, aprendam a ter os mesmos sentimentos de Jesus Cristo, procurem viver segundo os preceitos do Evangelho e amem o Senhor Deus e o próximo como Cristo nos mandou fazer, dando-nos o exemplo. Cada um de vocês está de acordo com tudo isso?

A criança: Estou.

DIÁLOGO COM OS PAIS E A ASSEMBLEIA

Quem preside (voltando-se para os familiares, interroga-os com estas palavras ou outras semelhantes): "Vocês, pais, familiares e amigos, que nos apresentam agora estas crianças, estão dispostos a ajudá-las a encontrar e seguir o Cristo?".

Todos: Estamos.

Quem preside: Estão dispostos a desempenhar sua parte nessa preparação?

Os pais: Estamos.

Quem preside (interroga todos os presentes com estas palavras ou outras semelhantes): Para continuarem o caminho hoje iniciado, estas crianças precisam do auxílio de nossa fé e caridade. Por isso, pergunto também a vocês, seus amigos e companheiros: Estão vocês dispostos a ajudá-las a se aproximarem progressivamente do Batismo?

Todos: Estamos.

Quem preside (de mãos unidas, diz): Pai de bondade, nós vos agradecemos por estes vossos filhos e filhas que de muitos modos inspirastes e atraístes. Eles vos procuraram e responderam, na presença desta santa assembleia, ao chamado que hoje lhes dirigistes. Por isso, Senhor Deus, nós vos louvamos e bendizemos.

Todos respondem, dizendo ou cantando: Bendito seja Deus para sempre.

ASSINALAÇÃO DA FRONTE E DOS SENTIDOS

Quem preside: Queridos catequizandos, entrando em comunhão com nossa comunidade, vocês experimentarão nossa vida e nossa esperança em Cristo. Agora vou, com seus catequistas, assinalá-los com a cruz de Cristo. E a comunidade inteira cercará vocês de afeição e se empenhará em ajudá-los.

(Ao assinalar a fronte:)

Recebe na fronte o sinal da cruz; o próprio Cristo te protege com o sinal de seu amor. Aprende a conhecê-lo e segui-lo.

(Ao assinalar os ouvidos:)

Recebam nos ouvidos o sinal da cruz, para que vocês ouçam a voz do Senhor.

(Ao assinalar os olhos:)

Recebam nos olhos o sinal da cruz, para que vocês vejam a glória de Deus.

(Ao assinalar a boca:)

Recebam na boca o sinal da cruz, para que vocês respondam à Palavra de Deus.

(Ao assinalar o peito:)

Recebam no peito o sinal da cruz, para que Cristo habite pela fé em seus corações.

(Ao assinalar os ombros:)

Recebam nos ombros o sinal da cruz, para que vocês carreguem o jugo suave de Cristo.

(A seguir, ocorre a entrega do livro da Palavra de Deus.)

Quem preside: Recebe o livro da Palavra de Deus. Que ela seja luz para a tua vida.

ORAÇÃO CONCLUSIVA

Os **catequizandos** inclinam a cabeça ou se ajoelham diante de **quem preside**. Este, com as mãos estendidas sobre os catequizandos, diz a seguinte oração:

Oremos. Deus eterno e todo-poderoso, sois o Pai de todos e criastes o homem e a mulher à vossa imagem. Acolhei com amor estes nossos queridos irmãos e irmãs e concedei que eles, renovados pela força da palavra de Cristo, que ouviram nesta assembleia, cheguem pela vossa graça à plena conformidade com vosso Filho Jesus. Que vive e reina para sempre.

R.: Amém.

Unidade II
Deus preparou o seu povo

7º encontro | Deus fez este mundo tão grande e tão bonito

Pela Palavra de Deus, tudo passou a existir. Com o pão e o vinho, reconhecemos o presente da obra da criação, acrescentamos nosso trabalho e agradecemos a Deus.
O pavão é símbolo da imortalidade.

Altíssimo, onipotente e bom Senhor.
A ti louvor, glória, honra e toda bênção!

Só a ti eles convêm, ó Altíssimo,
e nenhum homem é digno de te nomear.

Louvado sejas, meu Senhor, em todas as criaturas,
especialmente em nosso irmão Sol,
por quem nos dás o dia, a luz;
ele é belo, radioso, de grande esplendor.

Louvado sejas, meu Senhor, pela irmã Lua e pelas Estrelas!
no céu as formastes, claras, preciosas e belas.

Louvado sejas, meu Senhor, pelo irmão Vento.
E pelo Ar e pelas Nuvens, pelo azul do céu,
e por todos os tempos através dos quais sustentas toda criatura.

Louvado sejas, meu Senhor, pela irmã Água,
tão útil e tão humilde, preciosa e pura!

Louvado sejas, meu Senhor, pelo irmão Fogo,
através do qual iluminas a noite!
Ele é belo e jubiloso, indomável e forte!

Louvado sejas, meu Senhor, pela nossa mãe, a Terra.
Que nos apoia e nutre, que produz a infinidade de frutos,
com as flores e as folhas.

Louvai e bendizei ao meu Senhor,
dai-lhe graças e servi-o com toda a humildade.

PARA PENSAR

Leitura bíblica: Gn 1,1-25 – relato da criação: *Deus viu que tudo era bom.*

"Deus tomou o homem e o colocou no jardim do Éden para o cultivar e o guardar" (Gn 2,15). Eis a grande responsabilidade do ser humano de proteger e cuidar de toda a criação, como missão divina que lhe foi confiada. Dominar a natureza significou para muitas gerações apenas destruir e gastar as reservas da natureza para grupos econômicos obterem lucros e vantagens.

Hoje se tornou fundamental valorizar a água, proteger os mananciais e não poluir os rios com esgotos e detritos da cidade. Deus criou tudo com perfeição e carinho. "Deus viu que tudo que ele fez era muito bom" (Gn 1,18).

Fazemos parte da obra da criação. Observem melhor a natureza que nos cerca. Cabe a nós a responsabilidade de continuá-la. Você tem procurado cuidar da natureza? De que forma? Pensem juntos em uma frase que manifeste o nosso benquerer pela natureza.

PARA CELEBRAR

A obra da criação se faz presente em toda a celebração eucarística, especialmente durante a apresentação dos dons do pão e do vinho, frutos da terra e do trabalho humano.

Leitor: Ó Pai, é nosso dever dar-vos graças, é nossa salvação dar-vos glória: só vós sois o Deus vivo e verdadeiro que existis antes de todo o tempo [...]

Catequista: Porque sois o Deus de bondade e a fonte da vida, fizestes todas as coisas para cobrir de bênçãos as vossas criaturas e a muitos alegrar com a vossa luz.

Todos: Alegrai-nos, ó Pai, com a vossa luz!

(Prefácio da IV oração eucarística)

Leitor: Nós vos louvamos por todas as coisas bonitas que existem no mundo (...). Nós vos louvamos pela luz do dia e por vossa Palavra que é nossa luz.

Catequista: Nós vos louvamos pela terra onde moram todas as pessoas. Obrigado pela vida que de vós recebemos.

Todos: O céu e a terra proclamam a vossa glória! Hosana nas alturas!

(Prefácio da oração eucarística para missas com crianças I).

8º encontro

Homem e mulher, imagem e semelhança de Deus

Deus transmite o primeiro mandamento ao seu casal amado: "Podes comer de todas as árvores do jardim. Mas da árvore do conhecimento do bem e do mal não comerás" (Gn 2,16-17).

Canto: "O louvor pela criação"

Sol e lua, bendizei ao Senhor!
Fogo e calor, bendizei ao Senhor!
Mares e rios, bendizei ao Senhor!
Peixes do mar, bendizei ao Senhor!
Pássaros do céu, bendizei ao Senhor!
Animais selvagens, bendizei ao Senhor!
Filhos dos homens, bendizei ao Senhor!

(Dn 3,57ss)

PARA PENSAR

Leitura bíblica: Gn 1,26-31; 2,18-24 – *Homem e mulher, ele os criou.*

O homem e a mulher são a máxima criação de Deus, porque têm inteligência, vontade, consciência e liberdade. "Deus modelou o homem com a argila do solo, insuflou em suas narinas um hálito e o homem se tornou um ser vivente" (Gn 2,7). Deus sopra o seu espírito de vida na criação do ser humano e, por isso, este traz o traço de Deus que marca a sua alma, o princípio espiritual e imortal de sua vida.

Deus criara o homem e este homem estava marcado com uma inteligência aguda e penetrante, pois tinha imposto o nome às inúmeras realidades que se situavam ao seu redor: árvores, estrelas, animais... Dar o nome, na linguagem bíblica, implica conhecimento profundo daquilo que se nomeia. Entretanto, rodeado pela imponência da criação, o homem não encontrava um ser que lhe fosse próximo, lhe fosse semelhante, lhe fosse companheiro, à altura de suas aspirações.

Deus viu que não era bom que o homem estivesse só. "Deus criou o homem à sua imagem [...] homem e mulher ele os criou" (Gn 1,27). A unidade homem e mulher forma a imagem e semelhança de Deus.

Diz também que a mulher nasceu da costela de Adão (Gn 2,21-23). Segundo a mentalidade dos judeus, esse modo de contar revela a condição de igualdade entre a mulher e o homem. Ela não lhe é superior, porque não nasceu de sua cabeça; nem lhe é inferior, porque não lhe foi tirada dos pés.

Enfim, o homem reconhece que ela é "carne de minha carne". Os dois foram constituídos igualmente em dignidade, direitos, deveres e capacidades.

Leia em casa, se possível com seus familiares, Gn 2,18-24. A citação retrata a igualdade entre homem e mulher. Eles foram criados por Deus para serem companheiros. Durante a semana, observe se ocorre em seu redor atitudes preconceituosas contra a mulher.

PARA CELEBRAR

Senhor, tu que nos criaste à tua imagem e semelhança,
Homem e mulher, misteriosa mistura de terra
Animada do teu sopro divino,
Vem habitar a respiração do nosso amor.
Que cada uma das nossas aspirações seja acolhida
No ritmo do teu próprio amor.
Senhor,
Tu, a fonte transbordante de todo amor humano,
Concede-nos a graça de nos tornar,
Um para o outro,
Um sinal de tua presença invisível,
Um apelo a amar sem esperar recompensa,
Um sacramento, um caminho
Que conduza ao teu Reino de vida eterna.

(HUBAUT, Michael. Vem habitar a respiração do nosso amor. In: VERNETTE, Jean. *Parábolas para os nossos dias*. São Paulo: Loyola, 1993.)

9º encontro

Afastar-se de Deus

Depois de terem comido da árvore do bem e do mal, o querubim passou a proteger a árvore da vida com a chama da espada fulgurante, a fim de que o ser humano não prejudique a vida.

Você está convidado a pensar na bondade de Deus que, mesmo diante de nossas fraquezas e atos ruins, continua conosco.

PARA PENSAR

Leitura bíblica: Gn 3 – *O pecado entra no mundo.*

O jardim do Paraíso, com a árvore da ciência no centro, é a imagem de uma natureza em harmonia, mas, no momento em que o ser humano começa a pecar, conhece a morte. Nossos primeiros pais, Adão e Eva, foram tentados, quiseram ser como o Criador, romperam o diálogo e a harmonia com ele e se afastaram dele. Deixaram-se enganar pela voz tentadora da serpente ao prometer-lhes que, se desobedecessem a Deus, seriam como ele, conhecedores do bem e do mal. É o pecado do orgulho e da vaidade que os levaram à competição com Deus, recusando-se a se submeter a ele, que quer somente o nosso bem.

Necessariamente, as coisas não aconteceram como foram relatadas. Mais do que narrar como ocorreram os fatos, o autor bíblico quer que tiremos uma conclusão sábia do relato. Ele nos transmite uma mensagem, que devemos entender bem.

Essa condição de pecadores permanece conosco até hoje, pois, mesmo firmados no amor de Deus, cometemos muitos erros. Como o pecado é fruto do orgulho humano contra Deus, ele permanece dentro de nós. Nossa sociedade é reflexo do bem e do mal que praticamos aos outros. Deus quer nos ajudar a superar o mal para vivermos em harmonia, sem ódio, sem drogas, sem violência.

Durante a semana e com o auxílio de familiares, leia Gn 4,1-16 – Caim e Abel, e reflita sobre a mensagem. Converse sobre a inveja, o ciúme e, como resultado, a raiva contra o irmão ou pessoas próximas. Em seguida, escreva quatro frases sobre o tema para serem comentadas no próximo encontro.

PARA CELEBRAR

A oração seguinte é rezada na missa, acompanhada do gesto de bater duas vezes no peito com a mão direita fechada, como forma de reconhecer-se pecador e, ao mesmo tempo, pedir ajuda dos irmãos para interceder a Deus em seu favor, como também invocar a misericórdia divina.

Catequista: Reconheçamo-nos necessitados da misericórdia do Pai. Confessemos os nossos pecados:

Confesso a Deus todo-poderoso e a vós, irmãos e irmãs, que pequei muitas vezes por pensamentos e palavras, atos e omissões. Por minha culpa, minha tão grande culpa. E peço à virgem Maria, aos anjos e santos e a vós, irmãos e irmãs, que rogueis por mim a Deus, nosso Senhor.

10º encontro

Deus continuou com seu povo

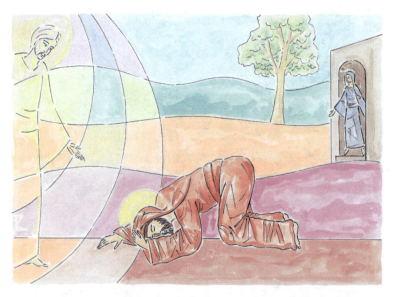

"Abrão prostrou-se com o rosto em terra, e Deus lhe disse: 'Esta é a minha aliança contigo: tu serás pai de uma multidão de nações'" (Gn 17,3). Sara, sua esposa, também participaria da aliança.

Leitura bíblica: Salmo 1 – *Os dois caminhos*.

Meninas: Feliz o homem que não vai ao conselho dos injustos,
Não para no caminho dos pecadores,
Nem se assenta na roda dos zombadores.

Meninos: Pelo contrário, seu prazer está na lei de Deus,
E medita sua lei, dia e noite.

Meninas: Ele é como árvore plantada junto d'água corrente:
Dá fruto no tempo devido, e suas folhas nunca murcham.
Tudo o que ele faz é bem-sucedido.

Meninos: Não são assim os injustos! Não são assim!
Pelo contrário, são como palha que o vento arrebata...

Meninas: Por isso os injustos não ficarão de pé no julgamento,
Nem os pecadores na assembleia dos justos.

Todos: Porque o Senhor Deus conhece o caminho dos justos,
Enquanto o caminho dos injustos perece.

PARA PENSAR

Leitura bíblica: Gn 17,1-8 – *A aliança com Abraão.*

Deus quer caminhar com seu povo, por isso chamou Abraão, homem justo e de fé, que respondeu sim a seu chamado. Deus lhe deu um filho, Isaac, e muitos descendentes.

Isaac casou-se com Rebeca e tiveram dois filhos: Esaú e Jacó. Jacó teve 12 filhos, os quais deram nome às 12 tribos de Israel. Surge um povo novo, o Povo de Israel, confiante na promessa de Deus. Recebemos deles a fé no Deus vivo, que caminha junto com seu povo, porque o ama e quer seu bem.

Deus celebra a aliança (pacto, compromisso) primeiramente com Abraão; depois, com Moisés. Cada vez que nos reunimos como comunidade, como Povo de Deus para rezar, expressamos a realidade da Aliança que Deus fez conosco e a renovamos, já que ele prometeu nunca nos abandonar. "Estabelecerei minha aliança entre mim e ti" (Gn 17,7).

A aliança sempre compromete duas partes, como no matrimônio: o homem e a mulher; neste caso, Deus e o povo escolhido.

Somos reunidos pela Palavra de Deus para selarmos uma Aliança de amor e de compromisso. Queremos ser iluminados pela luz divina para sermos fiéis ao pacto que Deus fez conosco.

Converse com seus pais ou familiares para que lhe contem a respeito da infância, adolescência e juventude deles. Ao traçar um retrato do passado, pergunte-lhes como perceberam a ação de Deus ao longo da vida, nos momentos difíceis e alegres. Não podemos desprezar o passado, pois é referência para o presente.

PARA CELEBRAR

As caminhadas e as procissões têm o sentido de fazer-nos experimentar que somos Povo da Aliança a caminho da casa do Pai, por isso ele nos protege e está conosco sempre. Lembremo--nos de que, na celebração eucarística, acontecem três procissões: entrada dos ministros, apresentação dos dons do pão e do vinho e comunhão. Durante a caminhada (procissão), rezemos:

O Senhor Nosso Deus é o único Senhor,
portanto amarás o Senhor teu Deus
com todo o teu coração e com toda a tua alma.
Senhor, abençoa nosso desejo de caminhar contigo.
Ajuda-nos a te procurar sempre.
Que o teu olhar esteja sempre voltado para nossa família,
assim como nós estaremos voltados para vós. Amém!

11º encontro

Moisés, chamado por Deus

Deus escuta a aflição do povo e chama Moisés no meio da sarça ardente. Moisés está descalço, pois o lugar é sagrado. As tendas lhe indicam a missão de libertar e conduzir o povo pelo deserto, em busca da terra prometida.

Catequista: Deus chamou muitas pessoas para defender o povo ao longo da história.

Todos: O Senhor nos chama para uma missão!

Leitor: Deus chamou Abraão e lhe fez uma promessa: Ergue os olhos para o céu e conta as estrelas [...] assim será a tua posteridade (Gn 15,5).

Todos: O Senhor nos chama para uma missão!

Leitor: Deus viu a situação de opressão em que vivia seu povo no Egito e por isso disse: "Eu vi, eu vi a miséria do meu povo que está no Egito. Ouvi o seu clamor por causa dos seus opressores; pois eu conheço as suas angústias. Por isso desci a fim de libertá-lo da mão dos egípcios, e para fazê-lo subir daquela terra a uma terra boa e vasta, terra que mana leite e mel" (Ex 3,7-8).

Todos: O Senhor nos chama para uma missão!

Catequista: Ó Pai! Vós sempre vos lembrais do vosso povo para que não seja escravizado. Louvado sejais por vossa misericórdia, vossa graça e vossa providência. Hoje, somos o novo povo que precisa de vossa compaixão. Não nos abandoneis, por vosso Filho Jesus que convosco vive e reina na unidade do Espírito Santo. Amém.

PARA PENSAR

Leitura bíblica: Ex 3,1-8.13-15 – *Vocação e missão de Moisés.*

Moisés nasceu no tempo em que os hebreus, seus irmãos, viviam no Egito e ali, por serem numerosos, apresentavam perigo para os egípcios que ficaram com medo de ser dominados.

O faraó começou a oprimi-los, obrigando-os a trabalhos forçados nas grandes construções públicas. Por fim, decretou que todo menino hebreu que nascesse deveria ser morto. As parteiras hebreias procuravam esconder as crianças. Moisés sobreviveu e foi criado no palácio pela princesa, filha do faraó.

Um dia, ao ver um hebreu ser maltratado por um soldado egípcio, Moisés lutou com ele e acabou matando-o. Com medo da perseguição do faraó, fugiu para o deserto. Na solidão do deserto, Deus o chamou no alto da montanha. Havia uma sarça, pequeno arbusto, que ardia em fogo sem se consumir. E Deus o chamou do meio da sarça: "Moisés, Moisés". Este respondeu: "Eis-me aqui" (Ex 3,4).

Deus lhe revela seu nome: "Javé: Eu Sou Aquele Que Sou" (v.14), Deus, o oceano de todas as perfeições, mas também o Deus que se compadece de seu povo oprimido e quer libertá-lo da escravidão faraônica. Aí se deu o diálogo do Deus que chamou

Moisés para uma missão e o discípulo, com medo, apresenta suas dificuldades e limites. Moisés diz que não sabe falar. Deus garante ajuda e fidelidade de sua parte.

Identifique, com o grupo, a missão de Deus em sua comunidade. O que falta às pessoas para viverem em harmonia, como irmãos e com dignidade, cientes de seus direitos e deveres como cidadãs. Como Deus chama a cada um de nós. Que missão ele nos confia?

PARA CELEBRAR

Catequista: Desafiados todos os dias pelas forças do maligno, vocês querem dizer não ao demônio e às suas armadilhas?

Catequizandos: *Queremos.*

Catequista: Conscientes do egoísmo que está em cada um de nós e que gera tantas formas de violência, vocês querem abandonar tudo o que os impede de viver como irmãos?

Catequizandos: *Queremos.*

Catequista: Ó Pai, ao longo da história de Israel, sempre chamastes pessoas retas para guiar o vosso povo. Por meio delas, realizastes maravilhas. Chamastes os patriarcas, Davi, os profetas e tantos homens e mulheres que defenderam a vida do povo.

Renovai, entre nós, o vosso chamado para que também possamos servir a vós e agradar-vos com uma vida que traga paz à comunidade em que vivemos. Por Cristo Nosso Senhor, na unidade do Espírito Santo. Amém.

12º encontro

Deus libertou seu povo

É Páscoa. Depois de Moisés conduzir os israelitas pelo mar, para que o atravessassem a pé enxuto, as águas voltaram e cobriram os carros e cavaleiros do faraó, que haviam entrado no mar em perseguição a Israel.

Santo, Santo, Santo é o Senhor Deus do universo, hosana nas alturas!
Senhor, assim como o incenso, suba até vós nosso agradecimento porque nos fizestes livres. Aleluia! Amém!

PARA PENSAR

Leitura: Dt 26,5-9 – *Libertação do Egito*.

Moisés não foi omisso, mas sensível ao sofrimento do seu povo, a ponto de não hesitar em tentar libertá-lo da escravidão, do sofrimento e do poder opressor. Ele enfrenta o faraó. Acontecem as maravilhas de Deus para os hebreus e as pragas para os egípcios. Mas há sempre a recomendação do Senhor: "Deixa meu povo partir para me prestar culto no deserto" (Ex 7,16).

No tempo de Moisés, já havia o costume de celebrar a Páscoa por ocasião da primavera. Acontecia a imolação dos cordeiros e dava-se a oferenda das primeiras espigas de trigo, por isso se assava o pão.

Naquela noite memorável, o sangue do cordeiro imolado preservou os primogênitos hebreus do Anjo irado (Ex 12,1-14.21-36). O pão foi assado sem fermento, chamado ázimo, e consumido às pressas durante a fuga do Egito. A saída dos hebreus do Egito culminou na passagem do mar, quando eles se viram perseguidos e o mar se abriu. Com isso, o atravessaram a pé enxuto. Assim, o povo de Israel tomou consciência de que o Senhor o salvou com braço forte e mão estendida e que, sem sua ajuda, jamais teria conseguido libertar-se da escravidão.

A Páscoa nos convida a fugir da escravidão do faraó e lutar pela liberdade, isto é, passar da morte para a vida, da escravidão para a terra prometida. Nos dias de hoje, contra quais escravidões devemos lutar? Muitas vezes, somos escravos de determinadas coisas e não percebemos. Faça uma relação daquilo que nos escraviza para colocar em discussão no próximo encontro.

PARA CELEBRAR

Catequista: O ritual ordenado da Páscoa judaica termina com as seguintes palavras: "Hoje, aqui, escravos; no ano próximo, em Jerusalém, livres".

Dupla 1: Senhor, Pai santo, criador do mundo e fonte da vida.

Catequista: Hoje, aqui, escravos; no ano próximo, em Jerusalém, livres.

Dupla 2: Vós nunca abandonais a obra da vossa sabedoria, agindo sempre no meio de nós.

Catequista: Hoje, aqui, escravos; no ano próximo, em Jerusalém, livres.

Dupla 3: Com vosso braço poderoso, guiastes pelo deserto vosso povo de Israel.

Catequista: Hoje, aqui, escravos; no ano próximo, em Jerusalém, livres.

Dupla 4: Hoje, com a luz e a força do Espírito Santo, acompanhais sempre a vossa Igreja, peregrina neste mundo pelos caminhos da história até a felicidade perfeita em vosso Reino.

Catequista: Hoje, aqui, escravos; no ano próximo, em Jerusalém, livres.

Dupla 5: Vós sois santo e digno de louvor, ó Deus, que amais os seres humanos e sempre os assistis no caminho da vida.

Catequista: Hoje, aqui, escravos; no ano próximo, em Jerusalém, livres.

Salmo 18

Meninos: Eu te amo, Senhor, minha força,
meu salvador, tu me salvaste da violência.
O Senhor é minha rocha e minha fortaleza,
meu libertador, é meu Deus.
Meninas: Nele me abrigo, meu rochedo,
meu escudo e minha força salvadora,
minha cidade forte.
Todos: Seja louvado! Eu invoquei o Senhor,
e fui salvo dos meus inimigos.

13º encontro

Aliança: mandamentos

Deus se manifesta e faz um pacto com o povo através de Moisés. Abre-se o caminho da vida para ser percorrido por aqueles que aceitam sua aliança.

PARA PENSAR

Leitura bíblica: Ex 20,2-17 – *Os dez mandamentos*.

O povo de Deus, como todos os povos, também teve uma lei para organizar a vida do grupo. "Compreende-se os dez mandamentos à luz da Aliança, na qual Deus se revela, fazendo conhecer a sua vontade. Ao observar os mandamentos, o povo exprime a própria pertença a Deus e responde com gratidão à iniciativa de amor dele" (*Compêndio do Catecismo da Igreja Católica*, n. 437).

Deus renovou o pacto de amizade, a aliança com seu povo e, no Monte Sinai, entregou a Moisés, que era o líder do povo, as tábuas contendo os mandamentos. Essa Lei indica o caminho seguro e feliz para viver bem e em paz com Deus, com o próximo, com a natureza e consigo mesmo.

Ao apresentar os mandamentos, traça, para cada um de nós, em particular, o caminho de uma vida livre da escravidão do pecado. Os mandamentos não podem ser compreendidos apenas como proibição, mas sim como projeto de uma vida saudável e frutuosa. Os três primeiros falam do nosso encontro, da nossa relação com Deus:

1. Amar a Deus sobre todas as coisas.

2. Não tomar seu Santo Nome em vão.

3. Guardar domingos e festas de guarda.

Nos sete restantes, Deus nos ensina como viver em paz e em fraternidade:

4. Honrar pai e mãe.

5. Não matar.

6. Não pecar contra a castidade.

7. Não furtar.

8. Não levantar falso testemunho.

9. Não desejar a mulher (nem o homem) do próximo.

10. Não cobiçar as coisas alheias.

Vivenciar os mandamentos hoje significa seguir a própria orientação que Jesus Cristo deu quando lhe perguntaram sobre o maior mandamento. Ele respondeu: "Amar a Deus sobre todas as coisas e ao próximo como a ti mesmo" (cf. Mc 12,30-31).

Se nos amamos de fato, não queremos fazer nada que nos prejudique. Se amamos o próximo como a nós mesmos, jamais lhe faremos algo que o magoe, o machuque ou o humilhe. Sendo assim, façamos um exame de consciência para percebermos quais mandamentos não estamos praticando com eficácia. E quais mandamentos não estão sendo vivenciados na sociedade.

PARA CELEBRAR

Salmo 33(32) – Ele falou e tudo se fez

[1] Exultai, justos, no Senhor, que merece o louvor dos que são bons.

[2] Louvai o Senhor com a cítara, com a harpa de dez cordas cantai-lhe.

[3] Cantai-lhe um cântico novo, tocai a cítara com arte, bradai.

[4] Pois sincera é a palavra do Senhor e fiel toda a sua obra.

[5] Ele ama o direito e a justiça, da sua bondade a terra está cheia.

[6] Pela palavra do Senhor foram feitos os céus, pelo sopro de sua boca tudo quanto os enfeita.

[7] Como num dique recolheu as águas do mar, encerrou em comportas os oceanos.

[8] Que toda a terra tema o Senhor, tremam diante dele todos os habitantes do mundo,

[9] pois ele falou e tudo se fez, ordenou e tudo começou a existir.

[10] O Senhor anula os desígnios das nações, frustra os projetos dos povos.

[11] Mas o plano do Senhor é estável para sempre, os pensamentos do seu coração por todas as gerações.

[12] Feliz a nação cujo Deus é o Senhor, o povo que escolheu para si como herança.

[13] Do céu o Senhor está olhando, ele vê a humanidade inteira.

[14] Do lugar onde mora observa todos os habitantes da terra.

[15] Foi ele que lhes formou o coração, ele compreende tudo o que fazem.

[16] O rei não se salva por um forte exército nem o herói por seu grande vigor.

[17] O cavalo não ajuda a vencer, com toda a sua força não poderá salvar.

[18] O olhar do Senhor vigia sobre quem o teme, sobre quem espera na sua graça,

[19] para livrá-lo da morte e nutri-lo no tempo da fome.

[20] Nossa alma espera pelo Senhor, é ele o nosso auxílio e o nosso escudo.

[21] Nele se alegra o nosso coração e confiamos no seu santo nome.

[22] Senhor, esteja sobre nós a tua graça, do modo como em ti esperamos.

14º encontro

Deus preparou o povo para receber o Salvador

Os profetas, como Isaías, anunciam a chegada do Salvador, que nasceria de uma Virgem e pertenceria à casa de Davi, que saiu da raiz de Jessé (Mt 1,16).
O boi e o jumento reconhecem o seu proprietário (cf. Is 1,3).

Reze, com o grupo, a oração do Pai-nosso para que sejamos fiéis à aliança que Deus fez conosco.

PARA PENSAR

O povo de Deus cresceu muito. Moisés morreu antes de alcançar a terra de Canaã. Os hebreus concretizaram o sonho de Deus: um povo de pessoas livres, vivendo a liberdade sob a orientação de Josué e dos juízes que resolviam os desentendimentos do povo. Esse período ficará para sempre como modelo de organização política, econômica, social e religiosa do povo de Israel como povo livre.

Saul foi o primeiro rei constituído e, em seguida, o rei Davi. O sistema de monarquia tem o poder concentrado em uma pessoa (rei ou rainha). Dessa forma, a opressão voltou. Como o rei Salomão foi incapaz de tornar Israel um reino unido, este foi dividido em Reino do Sul (Judá) e Reino do Norte (Israel).

Em decorrência da aproximação com os povos vizinhos, sobreveio a idolatria. Idolatria é o culto prestado aos falsos deuses. Também quando damos muita importância às coisas materiais como o dinheiro, luxo, vida cheia de conforto... acabamos substituindo o Deus da vida por estas coisas que logo se acabam. O povo de Israel foi acusado por Deus de dar mais importância à aliança com os povos vizinhos do que à sua aliança. Eis um exemplo de idolatria.

Nesse período de tumulto, surgem os profetas, considerados homens de Deus, que falam em nome dele. Os profetas, pessoas portadoras de esperança, conhecem a Lei de Deus e vivem segundo ela, ou seja, analisam a realidade à sua luz. Comprometem-se com a justiça, são corajosos, vivem no meio do povo e, acima de tudo, experienciam Deus, por isso se tornam porta-vozes dele. Os profetas ensinam ao povo a fidelidade à aliança e denunciam o que a contradiz. Por isso, as palavras proféticas estão atreladas ao contexto social, ao sofrimento do pobre espezinhado pelo interesse dos ricos e dos políticos corruptos.

Em meio a tantos sofrimentos pelos erros cometidos, *Isaías foi um profeta que dava esperança para o povo, anunciando a vinda do Messias, o Salvador.* Foi através dos Profetas que Deus preparou o povo para receber Jesus, o filho de Deus, que viria para salvar a humanidade. João Batista, filho de Izabel e do Sacerdote Zacarias, foi o último profeta a anunciar a vinda do Messias.

Leitura bíblica: Is 7,14-17 – *Eis que a Virgem conceberá.*

Sobressai um sinal escolhido por Deus: uma mulher grávida. A gravidez tem o significado de esperança, de fecundidade, de abertura ao futuro promissor, garantido para quem confia em

Deus; futuro evocado pela mulher, que gera em seu ventre uma nova vida.

Costumeiramente esperamos por sinais retumbantes; entretanto, Deus nos surpreende com algo muito simples. É a experiência da fecundidade. O contrário é a esterilidade, que, de acordo com a mentalidade dos israelitas, marginalizava a mulher como inútil e improdutiva. A imagem da mulher grávida vai além do aspecto biológico e nos evidencia uma clara verdade: todos nós podemos ser fecundos ao tomarmos atitudes de acolhida, de proteção e de alimentação e de defesa da vida.

Na Bíblia, há os livros chamados Proféticos: Isaías, Jeremias, Daniel, Amós, Oseias, Ezequiel, Habacuc, Malaquias, Sofonias, Zacarias, Ageu, Baruc, Abdias, Joel, Miqueias, Naum, Esdras e Neemias; além de dois grandes profetas citados no Primeiro e Segundo Livros dos Reis: Elias e Eliseu.

Nos dias de hoje, nós também podemos ser profetas. Basta viver de acordo com a vontade de Deus: ser justo; não omisso; fraterno; amar o próximo; não fazer maldade e defender sempre a verdade e a justiça, além de, acima de tudo, não romper a aliança com Deus.

Cite o nome de pessoas que dedicaram suas vidas como profetas. Lembrem-se de Chico Mendes, d. Helder Câmara, irmã Doroth Stang, irmã Dulce dos Pobres...

E na sua comunidade, no bairro em você mora, há pessoas que vivem como verdadeiros profetas? O que significa ser profeta hoje? Como identificar os verdadeiros dos falsos profetas?

15ª encontro

Leitura orante – Vocação de Isaías

INVOCAÇÃO DO ESPÍRITO SANTO

Canto: "A nós descei, Divina Luz!"
A nós descei, Divina Luz!
Em nossas almas acendei
O amor, o amor de Jesus! (bis)

Vinde, Santo Espírito,
E do céu mandai
Luminoso raio! (bis)

Vinde, Pai dos pobres,
Doador dos dons,
Luz dos corações! (bis)

LEITURA

Proclamar: Is 6,1-8 – *A vocação de Isaías.*

O profeta Isaías, um grande profeta do Antigo Testamento, por volta do século VIII a. C., mais ou menos pelo ano 740 a. C., recebe um chamado especial, o de ser porta-voz do Deus Altíssimo. Reconhece sua pequenez e indignidade perante a tarefa para a qual foi chamado, mas, purificado e robustecido pela força vinda do alto, cumpre prontamente sua missão. Normalmente na Bíblia toda pessoa chamada por Deus se sente incapacitada para cumprir a missão que o Senhor lhe destina. Lembremo-nos de Moisés, que, quando foi chamado para libertar o povo, se queixou que não sabia falar. Mais uma vez fica claro que o chamado vem do alto e Aquele que chama se responsabiliza e capacita a pessoa para a missão que deverá cumprir.

Ao tratar da manifestação de Deus em nossa vida, tenhamos presente que o verbo *vocare* em latim significa: chamar. E sempre está em jogo, de um lado, o chamado de Deus que confia uma missão à pessoa e lhe confere os dons necessários. E do outro lado, a resposta de quem o escuta, que só pode ser um sim ou um não.

Isaías faz a experiência de Deus

No Templo imponente de Jerusalém, o profeta presencia a glória de Deus, assentado em seu trono magnífico; vê também os serafins, anjos ornados de seis asas, flamejantes de esplendor (o nome significa isso), que fazem guarda ao trono do Altíssimo e que proclamam em alta voz: "Santo, Santo, Santo é o Senhor Deus dos exércitos" (v. 3). Repentinamente o próprio Templo se enche de branca fumaça, sinal da presença de Deus. Ao constatar isso, Isaías fica como que aterrorizado, pois era crença entre os judeus que o homem que visse a Deus morreria imediatamente. Ademais, perante a inesperada manifestação do Altíssimo, o profeta apercebe-se como um homem visceralmente pecador, que tem os lábios impuros e é solidário com um povo de lábios impuros. Contudo, Deus vem em socorro da indignidade humana e envia um dos serafins, que, com uma brasa, tirada com uma pinça do altar, toca e roça os lábios de Isaías, proferindo as seguintes palavras: "Agora que isto tocou os teus lábios, tua culpa está sendo tirada, teu pecado, perdoado" (v. 7). A seguir, a voz de Deus ecoou, dizendo: "A quem enviarei? Quem será o meu mensageiro?" (v. 8). Aí, Isaías, pondo-se em plena disponibilidade, respondeu: "Aqui estou! Envia-me" (v. 8).

Deus, envolto numa aura de majestade, aparece, chama, limpa radicalmente o vocacionado, que, livre e espontaneamente, se torna porta-voz do Altíssimo.

MEDITAÇÃO

1) O profeta Isaías se sentiu transportado ao magnífico Templo de Jerusalém e ali percebeu a manifestação da glória de Deus. Em quais situações de nossa vida, ou em que acontecimentos ou lugares, podemos também sentir a presença de Deus hoje?

2) Isaías se sentiu pecador e com lábios impuros diante de Deus. Mesmo assim, ele ouviu a voz do Senhor. O Senhor também chama a nós? Que fazer para ouvir a sua voz? Para que ele nos chama?

3) Isaías foi generoso e respondeu bravamente: "Aqui estou! Envia-me". Também sou corajoso para responder desta maneira ao chamado do Senhor?

ORAÇÃO

Ó Senhor, vós nos chamais porque nos conheceis e quereis o nosso bem.

Senhor, vós sabeis o meu nome e minha vontade de ajudar as pessoas.

Quero estar sempre pronto para responder sim ao seu chamado, mesmo que ele me mostre uma coisa difícil para fazer. Vou me esforçar ao máximo.

Prometo-vos colaborar em casa, fazer amizade com todos os colegas e nunca esquecer que vós me amais.

CONTEMPLAÇÃO

O Senhor continuamente nos dirige a sua Palavra. Deus gosta de dialogar conosco. Porém, escutar o outro é mais difícil do que querer sempre falar.

Vou cultivar dentro de mim esta atitude: "Quero ouvir o que o Senhor irá me falar!". Para isso, vou estar só na companhia dele. Preciso desenvolver a atitude de ouvi-lo. Que devo fazer para conseguir isto?

Comece fazendo silêncio só por alguns minutos, às vezes ajoelhado na igreja ou, então, sozinho no seu quarto em atitude de oração... seja corajoso, depois vá aumentando cada vez mais o tempo de silêncio.

ENCERRAMENTO

Faça uma oração de agradecimento recordando os nomes das pessoas que se sentem chamadas pelo Senhor para exercer uma missão própria na comunidade. Bendiga a Deus por elas existirem em nosso caminho e espalharem o perfume da caridade.

16º encontro

Liturgia da Palavra: "Éfeta"

Jesus cura o surdo-mudo (Mc 7,31-37) e ambos estão envoltos num grande círculo que nos transporta à esfera das ações divinas. O Filho cura com o poder do Pai e a força do Espírito, pois o Reino já chegou. Queremos ouvir e proclamar Cristo, Palavra de Deus.

Refrão: "Escuta, Israel, o Senhor é nosso Deus, um é o Senhor!".

PARA PENSAR

Leitura bíblica: Is 55,10-11 – *A Palavra não volta ao Pai sem ter cumprido a sua missão.*

Isaías focaliza uma característica decisiva da Palavra de Deus: a sua eficácia, a sua força transformadora, fazendo explodir a vida. Essas afirmações eram muito mais significativas para os trabalhadores acostumados a lidar e lutar com o deserto, conhecedores da aridez das estepes, para os quais a chuva era sinônimo de vida. Até nas áreas mais esturricadas do sul da Palestina, ao haver um "toró" abundante, brotam, a seguir, flores com as cores mais variadas e marcantes; assim como acontece no sertão das caatingas do Brasil.

Onde cai a Palavra de Deus, aí germina e desabrocha a vida; ela não escorre em vão, até no chão mais duro dos acontecimentos de nossa história. À confirmação disso, a *Carta aos Hebreus* diz: "A Palavra de Deus é viva, eficaz e mais penetrante do que qualquer espada de dois gumes... Não existe criatura que possa esconder-se de Deus; tudo fica nu e descoberto aos olhos dele" (Hb 4,12-13).

Como a chuva penetra nas fendas abertas, favorecendo a vida, assim a Palavra de Deus penetra nas dobras do coração e nos lugares mais íntimos, desvela os sentimentos e os pensamentos mais escondidos da pessoa, colocando-a em estado de decisão.

A primeira parte da missa é chamada de liturgia da Palavra para que se cumpra o seu efeito entre nós. Quando Deus fala tudo acontece. Sua Palavra é sempre viva e atual, não está morta. Durante a celebração, é o mesmo Cristo que proclama o seu Evangelho de vida e salvação para nós e renova ali tudo o que a Palavra anuncia como realidade de graça e salvação: os cegos veem, os coxos andam, os surdos ouvem, os pobres são evangelizados (Lc 4,18).

Leitura bíblica: Lc 4,20-22a – *Jesus na sinagoga de Nazaré.*

Jesus, na sinagoga de Cafarnaum, pegou o livro de Isaías e proclamou a ação de Deus em favor dos pobres, coxos e cegos. Depois concluiu: "Hoje se cumpriu esta passagem da Escritura que acabastes de ouvir" (Lc 4,21). Com a mesma eficácia, a Palavra de Deus realiza hoje, no coração daqueles que se reúnem em assembleia e no nome do Senhor, o que ela mesma anuncia como conversão, graça e salvação.

Durante a celebração da Palavra acontece a sequência das leituras – primeira leitura e salmo de resposta (Antigo Testamento), segunda leitura do Novo Testamento, canto de aclamação e proclamação do Evangelho (às vezes cantado). Ao final das leituras, dá-se a resposta "Palavra do Senhor". Após a leitura do Evangelho, diz-se "Palavra da Salvação", e o ministro beija o livro do Evangelho (nunca o folheto).

O ambão, lugar onde se proclama a Palavra, é diferente da estante simples, em que o comentarista atua. Do ambão, proclamam-se as leituras da missa lidas em um livro (nunca em folhetos), chamado lecionário, que muitas vezes é trazido em procissão. A liturgia da Palavra e a eucarística estão tão intimamente ligadas entre si que formam um só ato de culto. Temos a mesa do Pão da Palavra e a mesa do Pão Eucarístico, ambas formando uma só mesa, um só alimento com igual dignidade.

A Palavra de Deus nos ensina a viver da maneira que agrade a ele. Somente seus ensinamentos podem julgar nosso coração. Diante da Palavra, nós nos reconhecemos santos ou pecadores, isto é, ela julga nossas intenções e nossos atos, se são falsos ou verdadeiros. Sempre pede a nossa conversão para o Reino, para que tenhamos sentimentos retos que agradem ao Pai e não somente sentimentos interesseiros, de acordo com nossos caprichos, orgulho e necessidades passageiras.

Agora, converse com o amigo ao lado sobre como é a participação de vocês na celebração eucarística. Vocês ouvem com atenção a proclamação da Palavra? Não tenham vergonha de assumir, se a resposta for contrária ao que vocês ouviram hoje. O importante é reconhecer o valor das leituras realizadas na celebração. Faça isso e perceberá como sua semana será bem melhor!

Para celebrar

Rito do "Éfeta"

A celebração inicia-se de modo habitual, com o sinal da cruz e a saudação do catequista. Segue a oração:

Oremos. Pai amado e todo-poderoso, vós quereis restaurar todas as coisas em Cristo e atraís toda a humanidade para ele. Guiai estes catecúmenos e os que vão completar a iniciação e concedei que, fiéis à sua vocação, possam integrar-se e participar plenamente no reino de vosso Filho e ser assinalados com o Espírito Santo, o vosso dom. Por Cristo, nosso Senhor.

R.: Amém.

Depois de um canto apropriado, lê-se Mc 7,31-37.

Catequista: "O Evangelho está cheio de cegos, de surdos, de mudos. Eles sofrem terrivelmente a solidão. Não conseguem se comunicar. Jesus toca nesses irmãos marginalizados e diz: 'Éfeta', que quer dizer: 'Abre-te' (Mc 7,34). Ele continua também hoje a gritar o seu 'Éfeta' a tanta gente que não enxerga, não ouve, não fala. E muitas vezes não enxerga a beleza de Deus, não ouve a Palavra de Deus, não fala a língua de Deus".* Vamos assinalar a boca e os ouvidos com o sinal da cruz para que sejamos bons ouvintes e anunciadores da Palavra, lembrando o gesto de Jesus que tocou o surdo-mudo.

A seguir, o catequista, tocando com o polegar os ouvidos e os lábios de cada catequizando, diz:

Éfeta, isto é, abre-te,
a fim de proclamares o que ouviste
para louvor e glória de Deus.

Em seguida, pode haver preces espontâneas do grupo, a oração do Pai-nosso, e quem preside dá a bênção final.

---

* MASI, Nic. *Cativados por Cristo*; catequese com adultos. São Paulo: Paulinas, 2010. p. 70.

Unidade III
O Reino de Deus está próximo

17º encontro

A Virgem esperou com amor de mãe

O anjo Gabriel anuncia à Virgem Maria que ela será a mãe do Salvador. O anjo traz o sinal das letras gregas: alfa (Λ/A) e ômega (Ω/Z), pois Jesus é o princípio e o fim de tudo.

Oração: "Ave-Maria".
Ave, Maria, cheia de graça, o Senhor é convosco;
bendita sois vós entre as mulheres
e bendito é o fruto do vosso ventre, Jesus.
Santa Maria, Mãe de Deus, rogai por nós, pecadores,
agora e na hora de nossa morte. Amém.

PARA PENSAR

Leitura bíblica: Lc 1,26-38 – *Anunciação do Anjo à Virgem Maria*.

"Estamos diante de um texto em que tudo parece acontecer ao contrário. Como imaginar que Deus poderia escolher para ser a mãe de Jesus uma jovenzinha desconhecida em uma cidade obscura com aproximadamente 150 pessoas. Este acontecimento reforça a ação da graça soberana de Deus na história humana.

Um anjo é enviado por Deus a fim de procurar por Maria numa cidade de pouquíssima importância. Ali encontra alguém que balançará os alicerces do império romano. Uma mulher que todos pensavam ser pequena, mas se tornou gigante aos olhos de Deus. Gosto de pensar que Deus nos procura nos lugares onde nos encontramos. Não importa o local e a pessoa, e sim sua disposição. Achamo-nos pequenos, pobres, infelizes, incapazes demais... enquanto Deus nos acha capacitados demais.

Maria foi fiel ao chamado de Deus e assumiu todos os riscos de sua missão. Com o SIM de Maria, Deus se encarna e se torna gente. A gravidez de Maria é puro dom de Deus através do poder do Espírito Santo. É tão grande seu amor pela humanidade que ele veio morar no meio de nós.

Maria de Nazaré é o modelo de discípula fiel e de serva que responde de todo o coração ao plano de Deus. É a primeira discípula e missionária a trilhar pelos caminhos do Reino. E a história de Maria, absolutamente, tem início com um 'sim'. A maior das revoluções que poderia acontecer na vida de uma pessoa e na história de toda a civilização começou com a menor das palavras. Ao dizer 'sim' Maria desencadeou um projeto que impactou sua vida, mas que também atingiu a vida de cada um de nós.

Na verdade, Maria está nos dizendo: não adianta querer se esconder, Deus irá nos achar. E por isso ela responde afirmativamente e segue para servir Isabel. Naquele momento, Maria assume a sua vocação e se entrega prontamente à ação do Espírito Santo: 'Eis a serva do Senhor. Faça-se em mim segundo a tua palavra' (Lc 1,38). A alegria foi tamanha que correu para contar e ajudar sua prima Isabel que também seria mãe.

Provavelmente, para a maioria de nós, sua atitude é incompreensível. Desejamos poder para aumentar nossos privilégios e garantir uma vida de destaque. Mas olhe seu exemplo: a maior mulher de todos os tempos possui relativamente poucos versos na Bíblia para retratá-la.

Serviço pode ser uma palavra rara, mas tenha certeza de que era a palavra que mais sobressaía na vida de Maria. Ela viveu a ousadia de assumir o projeto que nasceu no coração do Pai.

O anjo Gabriel já recebeu uma nova missão... a de encontrá--lo(a)" (colaboração: Luiz Alexandre Solano Rossi).

Que possamos assumir o sim ao Evangelho de Jesus em nossa vida. Procure colocar-se a serviço de seus pais, dos amigos, da família, dizendo sim para colaborar nas tarefas da casa e na ajuda aos colegas.

PARA CELEBRAR

Catequista: O anjo do Senhor anunciou a Maria.

Catequizandos: E ela concebeu do Espírito Santo.

Catequista: Eis aqui a serva do Senhor.

Catequizandos: Faça-se em mim segundo a tua palavra!

Catequista: E o Verbo se fez homem.

Todos: E habitou entre nós!

Todos: Ave, Maria...

Catequista: Rogai por nós, Santa Mãe de Deus,

Todos: Para que sejamos dignos das promessas de Cristo.

OREMOS

Infundi, Senhor, em nossas almas a vossa graça,
para que, conhecendo pela anunciação do Anjo
a encarnação de vosso Filho bem-amado,
cheguemos por sua Paixão e Cruz à glória da ressurreição.
Por Nosso Senhor Jesus Cristo, vosso Filho,
na unidade do Espírito Santo. Amém.

18º encontro

João anunciou estar próxima a vinda do Messias

João Batista alimentava-se com mel silvestre, vestia-se com pele de camelo e pregava a conversão: "Toda árvore que não der bom fruto será cortada" (Lc 3,9). João anunciou a chegada do cordeiro pascal, que derramaria seu sangue para a salvação da humanidade.

PARA PENSAR

Leitura bíblica: Mc 1,1-8 – *Pregação de João Batista*.

"Veio um homem, enviado por Deus; seu nome era João" (Jo 1,6). Vivia no deserto e se alimentava com mel e gafanhotos. Notoriamente, era reconhecido pelo povo como profeta e tinha um grupo de discípulos que o seguia. João é "mais do que um profeta" (Lc 7,26). Anuncia o Consolador que vem e aponta o Cordeiro que tira o pecado do mundo, por isso João é considerado o último dos profetas.

Sua missão era preparar a vinda do Messias. O Messias, homem pleno do Espírito Santo, é enviado por Deus para salvar a humanidade: "Aquele que vem depois de mim é mais forte do que eu. Não sou digno nem ao menos de tirar-lhe as sandálias" (Mt 3,11). "João vem como testemunha, para dar testemunho da Luz" (Jo 1,7). A chegada do Messias significava a manifestação do Reino de Deus, a presença e atuação definitivas de Deus com seu povo.

As palavras de João eram precisas e fortes. Mas era necessário assumir uma nova vida e novas atitudes. Às margens do rio Jordão, pregava um batismo de penitência, de arrependimento. A todos que o procuravam, batizava e anunciava a vinda daquele que o povo esperava para acabar com todas as ações opressoras. Mas, para recebê-lo, como também a sua mensagem, era necessário realizar a conversão, mudança de vida. "Convertei-vos, pois, o Reino dos Céus está próximo" (Mt 3,1-2).

João conhecia a realidade de seu povo, pois cresceu vendo a injustiça que o oprimia. Dessa forma, lutou contra a hipocrisia e a falsidade e ensinou a partilha e a fraternidade.

Somos chamados a seguir o caminho de Jesus Cristo preparado por João Batista. Como João Batista preparou a vinda de Jesus; na catequese, nós nos preparamos para entrar em plena comunhão com Jesus. João assumiu a sua missão. Em oração, vamos perguntar a Deus qual a missão que tem para nós!

PARA CELEBRAR

Proclame o Cântico de Zacarias – Lc 1,68-79.

Bendito seja o Senhor Deus de Israel,
Que a seu povo visitou e libertou;
E fez surgir um poderoso Salvador
Na casa de Davi, seu servidor.

Como falara pela boca de seus santos,
Os profetas desde os tempos mais antigos,
Para salvar-nos do poder dos inimigos
E da mão de todos quantos nos odeiam.

Assim mostrou misericórdia a nossos pais,
Recordando a sua santa Aliança
E o juramento a Abraão, o nosso pai,
De conceder-nos que, libertos do inimigo,
A ele nós sirvamos sem temor
Em santidade e justiça diante dele
Enquanto perdurarem nossos dias.

Serás profeta do Altíssimo, ó menino,
Pois irás andando à frente do Senhor
Para aplainar e preparar os seus caminhos,
Anunciando ao seu povo a salvação,
Que está na remissão de seus pecados.

Pelo amor do coração de nosso Deus,
Sol nascente que nos veio visitar
Lá do alto como luz resplandecente
A iluminar a quantos jazem entre as trevas
E na sombra da morte estão sentados
E no caminho da paz guiar nossos passos.

19º encontro

Nasceu o Salvador

Ouro, incenso e mirra são sinais, respectivamente, de realeza, divindade e morte de Jesus. Para lembrar sua paixão, está envolto em faixas (Lc 2,7.12; 23,53; 24,12) e sua manjedoura é quase um altar. Maria traz três estrelas que lembram sua virgindade antes, durante e após o parto.

PARA PENSAR

Leitura bíblica: Lc 2,1-20 – *O nascimento de Jesus*.

"O povo que andava na escuridão viu uma grande luz" (Is 9,1). Com essa profecia, Isaías alimenta a esperança do povo quanto à vinda do Messias tão esperado.

O povo de Israel vivia a expectativa da vinda do Messias. Um Messias forte e poderoso, capaz de livrá-lo dos romanos e de outros povos que dominaram a Palestina, responsáveis pela pobreza e miséria do povo. O nascimento de Jesus cumpre essa profecia, mas não como um messias poderoso e cheio de fama.

Jesus nasceu na pobreza e as primeiras testemunhas de seu nascimento são simples pastores, manifestando-se, dessa forma, a glória de Deus. Ele mesmo, por Jesus, vem ao encontro de seu povo. Torna-se pobre com os pobres, por isso desperta a esperança para o povo sofrido e humilhado de nosso tempo.

O evangelista João apresenta Cristo como a luz de Deus que vem ao mundo e que ilumina todo ser humano. Assim, Jesus diz de si mesmo: "Eu sou a luz do mundo. Quem me segue não andará nas trevas, mas possuirá a luz da vida" (Jo 8,12).

A liturgia da noite de Natal se apresenta como uma ocasião na qual Deus faz *resplandecer a claridade da verdadeira luz*, e as comunidades do mundo inteiro podem proclamar: "No mistério da encarnação do teu Filho, nova luz de tua glória brilhou para nós" (primeiro prefácio da festa).

Converse com seus pais ou familiares sobre a época do seu nascimento: um fato significativo daquele ano, quem eram os governantes e quais as dificuldades pelas quais a população passava, além de saber quem eram os "profetas" daquele tempo. Depois, com eles, faça a seguinte leitura: Lc 2,1-20.

PARA CELEBRAR

Glória a Deus nas alturas e paz na terra aos homens por ele amados.

Senhor Deus, rei dos céus, Deus Pai todo-poderoso: nós vos louvamos, nós vos bendizemos, nós vos adoramos, nós vos glorificamos, nós vos damos graças por vossa imensa glória.

Senhor Jesus Cristo, Filho Unigênito, Senhor Deus, Cordeiro de Deus, Filho de Deus Pai.

Vós que tirais o pecado do mundo, tende piedade de nós.

Vós que tirais o pecado do mundo, acolhei a nossa súplica.

Vós que estais à direita do Pai, tende piedade de nós.

Só vós sois o Santo, só vós, o Senhor, só vós, o Altíssimo,
Jesus Cristo,
com o Espírito Santo, na glória de Deus Pai. Amém.

NATAL
PARA PENSAR

"O ciclo do Natal inicia-se com a celebração do primeiro domingo do Advento, engloba as festas do Natal e da Epifania (quer dizer, revelação), estendendo-se até a festa do Batismo do Senhor. Durante esse período, somos convidados a reviver a manifestação de Deus em nossa humanidade, acolher sua irrupção (vinda) em nosso cotidiano e renovar a esperança de sua vinda em nosso meio.

Num mundo em que o Natal se transformou em sacramento do lucro, festa máxima da religião do mercado, é preciso que encontremos novas formas de resgatar o segredo desse tempo, afirmando profeticamente a esperança. Todas as esperanças! No âmbito pessoal, devemos intensificar o desejo do coração e retomar o sentido da vida. Mas as esperanças são também coletivas: é o sonho do povo por justiça e paz.

A solenidade do Natal, mais que uma comemoração do nascimento ou do aniversário de Jesus – na verdade, ninguém sabe o dia em que ele nasceu –, é a celebração da manifestação de Deus em nossa humanidade, do 'nascimento de Nosso Senhor Jesus Cristo segundo a carne'. Nela, festejamos a salvação que entra definitivamente na história das pessoas e que contemplamos no menino que nasceu em Belém, na visita dos pastores e dos magos ao presépio, no Batismo de Jesus no Jordão!" (Trechos extraídos de: CARPANEDO, Penha; GUIMARÃES, Marcelo.

Dia do Senhor; guia para as celebrações das comunidades. Ciclo do Natal ABC. São Paulo: Apostolado litúrgico/Paulinas, 2002. pp. 21 e 117).

> Quais são as suas esperanças para um mundo novo? O que sua comunidade pretende fazer?

Lembrete: Para o próximo encontro, traga fotos ou objetos do dia de seu batizado.

20º encontro

Jesus está pleno do Espírito (Batismo de Jesus)

"Jesus, ao ser batizado por João, santifica as águas do Batismo e é ungido pelo Espírito, descido sobre ele como uma pomba. Do céu veio uma voz: 'Este é o meu Filho amado'" (Mt 3,17). João diz: "Eu não sou digno de desatar a correia de suas sandálias" (Lc 3,16).

Vinde, Espírito Santo, e renovai nosso coração,
para que possamos amar como Jesus amou.
Abençoai e protegei todos os batizados,
para que possamos viver de acordo com nosso Batismo.

PARA PENSAR

Leitura bíblica: Mt 3,13-17 – *Batismo de Jesus.*

Sabemos que o povo esperava um messias, como rei, que viria para libertá-lo das opressões e implantar a justiça. João Batista também vivia essa esperança e, com suas pregações, ajudava o povo a não desanimar. Ele dizia que a Salvação estava próxima: "Vem atrás de mim o mais forte que eu, de quem não sou digno de, abaixando-me, desatar o laço de suas sandálias" (Mc 1,7).

Jesus deixou sua cidade Nazaré, na Galileia, e foi encontrar-se com João, no rio Jordão. Ao ser batizado por João, "o Espírito Santo desceu sobre ele em forma de pomba" (Lc 3,22). E ouviu-se a voz vinda de uma nuvem: "Tu és meu Filho amado, de ti eu bem me agrado (Mc 1,11). É a plena manifestação do Pai, pelo Espírito, consagrando o Filho para sua missão.

O Batismo de Jesus revela que ele é o ungido do Pai pelo Espírito com a missão de salvar o mundo como servo da humanidade. Jesus inaugura o Reino de Deus, dá preferência aos pobres e oprimidos e cumpre, assim, a vontade do Pai. O Batismo, instituído por Jesus, é diferente do de João porque concede o Espírito Santo para a remissão dos pecados e para o nascimento de uma vida nova.

Antigamente, o Batismo era por imersão, com todo o corpo afundado na água. Esse banho ressalta o poder da água de matar por seu excesso ou falta. Basta ver os dilúvios com as enchentes monumentais ou os desertos ressequidos. Por outro lado, a água faz brotar a vida; dá gosto ver a vegetação frondosa e verde na estação das águas!

Ser batizado significa ser inserido em Cristo, viver nele a novidade do Reino, sob o impulso do Espírito Santo. Assim, recebemos a missão de ser discípulos de Cristo e de seguir seus passos.

Converse em casa sobre o dia de seu batizado. Veja as fotos. Nosso Batismo marcou o início de uma nova vida. Nossos pais e padrinhos assumiram a educação de nossa fé. Dessa forma, devemos assumir a mesma missão de Jesus: lutar por uma vida digna para todos, sem exploração, miséria, fome e exclusão.

PARA CELEBRAR

Relembrando nosso Batismo, vamos, como Jesus, ser fiéis à missão a que fomos consagrados, renovando nossa fé em Deus.

Lembrete: Para o próximo encontro, com o apoio da família, cada catequizando faça um desenho retratando quem é Jesus para si.

21º encontro

Leitura orante – Quem é Jesus

INVOCAÇÃO DO ESPÍRITO SANTO

Meninos: Vinde, Espírito Santo,

Meninas: e enchei o coração dos vossos fiéis

Meninos: e acendei nele o fogo do vosso amor.

Meninas: Enviai o vosso Espírito

Meninos: e tudo será criado

Meninas: e renovareis a face da terra.

Catequista: Oremos.

Todos: Ó Deus, que instruístes os corações dos vossos fiéis, fazei que apreciemos retamente todas as coisas segundo vosso Espírito e gozemos sempre da vossa consolação. Por Cristo, Senhor nosso. Amém!

LEITURA

Proclamar: Mc 8,27-33 – *A profissão de fé de Pedro.*

"O texto inicia-se com uma pergunta: 'Quem dizem os homens que sou eu?'. Os personagens presentes na resposta eram aqueles que estavam na cabeça do povo: João Batista, Elias... A pregação de Jesus permitia a sua identificação com os antigos profetas de Israel. Até mesmo o povo não lhe negou esse título desde o início (Mt 6,14; Mc 6,15; Jo 4,19).

A pergunta que aparentemente era de fácil resposta faz com que suscite uma razoável confusão. Jesus interfere com mais uma pergunta: 'E vós, quem dizeis que sou?'. Jesus não queria que os discípulos apenas repetissem as opiniões de outras pessoas. Ele indagava a cada um de forma especial. Perguntava àqueles que com ele andavam diariamente.

A imagem que estava presente na mente dos discípulos e do povo via nele a figura do messias político, nascido das esperanças e frustrações, realimentadas ao longo de vários séculos de humilhação e de dominação estrangeira.

Pedro assume e responde por ele e por todos os outros: 'Tu és o Cristo, o filho do Deus vivo'. Pedro falava por si e pelo grupo e isso fazia toda a diferença. Ele sabia em quem cria e, dessa forma, falar se tornou algo extremamente fácil.

Para Jesus não interessava ter seguidores manipulados e inconscientes do que ele pretendia realizar. A pergunta deveria nos levar a pensar como a possível resposta repercutiria em nós. E, além disso, deveria nos levar a refletir a respeito não só da profundidade da missão que temos para desenvolver, mas também da intensidade da presença de Jesus entre nós.

A confissão de Pedro deve nos estimular, como discípulos e missionários, a elaborarmos a nossa própria confissão de fé. Jesus reatualiza diariamente a pergunta dirigida a Pedro a cada um de nós. Que tipo de confissão você tem elaborado da pessoa de Jesus? A resposta à pergunta de Jesus nos coloca imediatamente no caminho do discipulado e no desafio de vivermos comprometidos com a comunidade" (colaboração: Luiz Alexandre Solano Rossi).

MEDITAÇÃO

1) No texto de Marcos, quando Jesus perguntaou o que as pessoas diziam sobre ele, os discípulos responderam-lhe como o povo o via.

Neste momento o catequista convida cada catequizando para apresentar o seu desenho, descrevendo o modo como o fez, se contou com a ajuda de alguém, tornando compreensível "Quem é Jesus" para ele.

2) É comum as pessoas se preocuparem com o que os outros pensam sobre elas, seja diante de um fato, seja da expressão de uma opinião. Com Jesus não foi diferente. Ao questionar os discípulos, ele buscava saber se as pessoas realmente compreendiam a profundidade da sua missão e da sua presença. *Quem ele é* tornava-se, portanto, a grande referência a ser conhecida e seguida, superando falsas ideias a seu respeito.

Qual é, hoje, a imagem mais comum que o povo tem de Jesus?

ORAÇÃO

O catequista solicita aos catequizandos que apresentem espontaneamente louvores a Deus, motivados pela meditação da Palavra. Conclui-se este momento com a proclamação do Salmo 31,15-25.

CONTEMPLAÇÃO

"Quem dizem os homens que sou eu?" Com esta pergunta Jesus nos convida a discernir (pensar) quem de fato ele é. Não podemos deixar-nos levar por falsas ideias que nos afastam da vontade de Deus em nossa vida.

22º encontro

A multiplicação dos pães

Com cinco pães e dois peixes, Jesus alimenta a multidão. Depois da multiplicação sobraram ainda doze cestos. Na verdade, ele é o verdadeiro Pão (a Palavra de Deus), que desceu do céu e dá vida ao mundo (cf. Jo 6,51).

Leitura bíblica: Mc 6,34-44 – *Milagre dos pães*.

"Jesus é tomado de profunda compaixão. O coração dele se inquieta e não descansará enquanto não resolver a situação que tanto o incomoda. Trata-se de uma expressão que deseja significar que Jesus se comoveu até as entranhas, que se solidarizou profundamente e que se identificou com a multidão abandonada. O motivo era que o povo 'estava como ovelhas sem pastor'.

Jesus está preocupado e os discípulos compartilham da mesma preocupação. Mas a proposta dos discípulos reflete uma mentalidade que se distancia muito da mentalidade e proposta de Jesus. Enquanto Jesus desejava reunir os dispersos, os discípulos queriam novamente dispersar. Muito possivelmente eles ainda não tinham assimilado a tarefa de bom pastor a que Jesus se propusera. Não conseguiam ler e interpretar corretamente as intenções de Jesus. A proposta deles era simples: 'Despede-os'. Jesus interfere e altera radicalmente o rumo da proposta, dizendo: 'Dai-lhes vós mesmos de comer'.

Não daria para ser mais claro: ele queria dizer que a atitude fundamental do discípulo é a de se sentir convocado pela necessidade do povo e assumi-la como sua. A fome não pertence apenas aos outros. Não basta apenas constatar que ela existe e que é bem real. Faz-se necessário assumir uma tarefa recheada de compaixão e de solidariedade. A partilha sempre há de superar tanto o egoísmo quanto o individualismo. Mas parece que os discípulos nada compreendem. A indiferença se instala. Afinal, como alimentar a todos, se eles não têm o equivalente a 200 dias de salário? O problema é que os discípulos trabalhavam com uma lógica inadequada. Pensavam que somente quem tem dinheiro seria capaz de proporcionar a solução.

Jesus, a partir dos poucos recursos, rompe com a lógica do palácio e, sobre a grama verde, acontecerá o banquete que Herodes jamais poderá saborear.

Um detalhe não nos pode escapar: se no início a multidão estava dispersa, agora ela se organiza – 'organizando-se em grupo de cem e de cinquenta'. Passa de uma massa dispersa a um povo organizado. A vida cristã é fundamentada no incansável gesto de comunhão. É importante acreditar no pouco que se tem, verificar as próprias possibilidades e, além disso, sempre pensar em organização. Não se pode simplesmente virar as costas e querer 'despedir a multidão', como se com ela não tivéssemos responsabilidade" (colaboração: Luiz Alexandre Solano Rossi).

Reconheço a ação de Deus em minha vida como movimento de amor e gratuidade? E partilhar? O que significa isso? Sou capaz de realizar tão grande feito? Sou capaz de admitir aquilo de que meus companheiros necessitam?

PARA PENSAR

O evangelho da multiplicação dos pães nos oferece duas ideias muito importantes: bendizer e partilhar. "Jesus tomou os cinco pães e os dois peixes, ergueu os olhos ao céu, pronunciou a bênção, partiu os pães e ia dando-os aos discípulos, para que os distribuíssem" (Mc 6,41).

Primeiramente, agradecemos a Deus pelo pão, porque é ele que nos concede a natureza que faz germinar a semente e nos dá forças para cultivar e transformar o fruto da terra. Para o povo da Bíblia: "O alimento é percebido como um dom de Deus. Deus dá a terra, faz chover, faz germinar e amadurecer o trigo. O fiel o reconhece como Criador e fonte de vida e, sobretudo, como um Deus bom, que dá em abundância, que abençoa e cumula de bens. Tudo o que ele diz é 'bem-dito', tudo o que ele faz é 'bem-feito'. Eis por que a primeira atitude do fiel deve ser, por sua vez, glorificar a Deus por sua generosidade sem limites e particularmente pelo dom do alimento, sem o qual o homem não poderia viver" (SCOUARNEC, Michel. *Símbolos cristãos*; os sacramentos como gestos humanos. São Paulo: Paulinas, 2001. pp. 81-82).

Entendemos também que o pão é fruto do trabalho humano, pois há que plantar e colher o trigo, fazer a farinha, preparar a massa e assar o pão. Jesus não desaponta a multidão faminta, doente e desamparada, como um rebanho sem pastor. Reconhece a ação gratuita e misericordiosa do Pai e convida a multidão a se organizar e repartir o pouco que tem.

Cristo é aquele que sacia a fome do ser humano, não somente a física, mas também a do espírito, como se fosse um alimento que não acaba.

"O milagre da multiplicação dos pães, quando o Senhor proferiu a bênção, partiu e distribuiu os pães a seus discípulos para alimentar a multidão, prefigura a superabundância deste único pão de sua Eucaristia" (*Catecismo da Igreja Católica*, n. 1335).

Na verdade, disse João que ele é o pão da vida, o verdadeiro alimento que nos conduz para a vida eterna. Ele é o único alimento essencial: "Eu sou o pão da vida... quem comer deste pão viverá eternamente, o pão que eu darei é a minha carne para a vida do mundo" (Jo 6,48.51).

O cristão reconhece a gratuita ação de Deus como manifestação de seu amor e de sua bondade, por isso o bendiz em todas as situações de sua vida. Particularmente, antes das refeições, o cristão agradece e abençoa o alimento, porque reconhece nele a manifestação da bondade do Pai que nos concede os seus dons.

Na missa dominical, os catequizandos podem fazer parte da procissão das oferendas, apresentando alguns alimentos como dons a ser oferecidos às pessoas carentes da comunidade.

PARA CELEBRAR

Bendito sejais, Senhor, Deus do universo,
Pelo pão que recebemos de vossa bondade,
Fruto da terra e do trabalho humano,
Que agora vos apresentamos,
E para nós se vai tornar nosso alimento.
Todos: Bendito seja Deus para sempre!

(Oração de apresentação das oferendas na missa)

23º encontro

Perdão dos pecados

A claridade envolve a todos que perdoam como Jesus. Se não perdoamos, ficamos envoltos na escuridão.

Perdão: palavra tão pequena que nos pede
para sermos amigos e filhos de um único Pai.
Perdão: gesto tão grande que somente nós,
que erramos, podemos dar um ao outro e a nós mesmos.
Será que hoje eu cometi algum erro?
Ou teria sido ontem?
E o meu amigo, terá errado também?

Jesus disse: "Se teu irmão pecar contra ti, vai corrigi-lo, tu e ele a sós! Se ele te ouvir, terás ganhado o teu irmão" (Mt 18,15).

PARA PENSAR

Leitura bíblica: Mt 18,21-35 – *Ser perdoado para também perdoar.*

"A pergunta de Pedro é desafiadora: 'Quantas vezes devo perdoar?'. Não podemos represar o perdão como se ele fosse em algum momento se esgotar. Setenta vezes sete quer indicar perdoar mais do que sempre. Permitir que o perdão brote em nossas vidas como se fosse uma fonte inesgotável de água cristalina que jorra em direção àqueles que devemos perdoar. A fé em Jesus passa necessariamente pela capacidade de perdoar e de reconstruir as relações interrompidas pelo pecado.

Dez mil talentos é uma quantidade admirável. Um único talento equivalia a 34 kg. Imaginem a dívida do empregado: 10.000 x 34 kg. Uma dívida impagável. Mais incrível ainda se imaginarmos, por exemplo, que o total de impostos pagos pela Celessíria, Fenícia, Judeia e Samaria chegava a oito mil talentos!

Devemos compreender o ato de perdoar como uma opção de fé. Uma opção que nasce a partir do discipulado e nos leva a vivermos em comunhão uns com os outros. Uma atitude de quem acredita firmemente que Deus nos perdoa sempre e graciosamente. Mais do que sempre ele nos perdoa. 'Perdoa-nos as nossas dívidas, assim como perdoamos aos nossos devedores' (Mt 6,12) é a oração que fazemos a Deus quando suplicamos que venha a nós o seu Reino e que seja feita a sua vontade" (colaboração: Luiz Alexandre Solano Rossi).

Jesus, Filho de Deus, tem o poder de vencer o mal, assim como afastou o tentador e perdoou nossos erros, pois ele foi igual a nós em tudo, menos no pecado.

A condição de pecadores nos leva a praticar o mal e a ofender o próximo por soberba ou vaidade. Pecamos todas as vezes que prejudicamos o outro, que é nosso irmão. Fazemos parte de uma sociedade repleta de preconceitos que nos separam e diminuem as pessoas. Precisamos de conversão e de perdão constantes, por isso dizemos na oração do Pai-nosso: "Perdoai as nossas ofensas, assim como nós perdoamos a quem nos tem ofendido".

Jesus perdoou a pecadora arrependida, suscitou a conversão do rico Zaqueu, comeu com os pecadores e se comparou ao bom pastor que deixa as noventa e nove ovelhas protegidas e sai em busca da que se perdera (Lc 15,1-7).

Assim, cabe-nos perdoar os outros, porque também cometemos muitos erros. Os cristãos vivem em constante atitude de conversão e de penitência, pois sempre somos tentados pela malícia e pelo mal. Muitas vezes, não cometemos o mal por vontade própria, nem conscientemente, mas por omissão, deixando de fazer o bem. Preferimos ser comodistas e não nos incomodar com o sofrimento do irmão.

Converse em casa sobre o perdão. Reconheça que algumas atitudes nossas são grosseiras, marcadas pelo comodismo, preguiça, e que podemos sempre melhorar, crescer em responsabilidade e compromisso para colaborar mais em casa, na escola e com os amigos.

PARA CELEBRAR

Ato penitencial

Senhor, que sois o caminho que leva ao Pai,

tende piedade de nós.

R.: Senhor, tende piedade de nós.

Cristo, que prometestes o paraíso ao bom ladrão,

tende piedade de nós.

R.: Cristo, tende piedade de nós.

Senhor, que muito perdoais a quem muito ama,

tende piedade de nós.

R.: Senhor, tende piedade de nós.

Todos: Pai nosso...

24º encontro

Jesus chama os apóstolos

Jesus chama os apóstolos e discípulos e os envia em missão, dois a dois, para anunciarem a boa-nova nas cidades e em todo lugar.

Ide ao mundo e ensinai a todas as nações!
Eis que eu estou convosco, até o fim do mundo!
(Mt 28,19a.20b).

Eu sou o bom pastor, conheço minhas ovelhas
E elas me conhecem (Jo 10,14).

Se alguém quer me servir, que venha atrás de mim,
E onde eu estiver, ali estará meu servo (Jo 12,26).

Como o Pai me amou, também eu vos amei,
Permanecei no meu amor (Jo 15,9).

Eu vos nomeei, para que vades e deis frutos,
E o vosso fruto permaneça (Jo 15,16).

PARA PENSAR

Leitura bíblica: Mc 3,13-19 – *Jesus escolhe os doze apóstolos.*

Jesus começou com dois discípulos e em seguida mais dois (Mc 1,16-20). Aos poucos, o número foi crescendo. Lucas informa que ele chamou mais 72 discípulos para ir com ele na missão (Lc 10,1). Jesus chama os que ele quer e eles foram até ele. Jesus os chama para uma dupla missão:

1) *estar com ele,* isto é, formar a comunidade na qual ele, Jesus, é o eixo;

2) *anunciar a Boa-Nova e ter poder para expulsar os demônios,* isto é, pregar e combater o poder do mal que estraga a vida do povo e aliena as pessoas.

Eles anunciam o quê? Qual é a boa notícia? A ação do Espírito dá força para seguir a caminhada de fé, assim como a água que refresca e o fogo que ilumina.

Jesus chamou os doze apóstolos para segui-lo. Pedro deixou as barcas e a pesca e saiu anunciando a Boa-Nova do Reino (Lc 5,1-11). A todos enviou em missão. Disse a Pedro: "Tu me amas?... sê pastor das minhas ovelhas" (Jo 21,16).

Depois convocou os discípulos, um grupo ainda maior. Ser discípulo de Cristo significa ter grande amizade com ele: "Já não vos chamo servos, porque o servo não sabe o que faz o seu Senhor. Eu vos chamo amigos" (Jo 15,15). Ser amigo ou discípulo de Jesus nos faz estar muito próximos dele e viver com ele a aventura do Reino, isto é, acolher os pobres, não ignorar os doentes e os presos; enfim, fazer o bem a todos.

Hoje, na Igreja, temos os novos apóstolos: bispos, padres, diáconos e religiosos(as), cuja missão específica é a de anunciar o Evangelho e zelar pelas comunidades. Igualmente, todo cristão, em razão do Batismo, é discípulo de Cristo com a missão de pregar e viver o Evangelho na família, entre os amigos e no trabalho.

Anunciar o Evangelho é urgente, é a tarefa mais importante, porque se trata de ser mensageiro da vida plena, da eternidade, da misericórdia do Pai e da salvação que Cristo nos veio trazer.

Jesus chama cada um de nós para seguir o seu caminho e trazer outras pessoas para nos acompanhar. Assim, formamos um grande círculo de amizades para compartilhar experiências e fortalecer a nossa experiência de fé.

> Observe a missão do padre, da religiosa, de um leigo(a). Em que eles ajudam a unir e fortalecer a comunidade? Como a pessoa de Jesus permanece viva neles?

PARA CELEBRAR

Leitor: O Senhor disse: "A colheita é grande, mas os trabalhadores são poucos. Pedi, pois, ao Senhor da colheita que mande trabalhadores para sua colheita" (Lc 10,2).

Todos: Enviai, Senhor, operários para a colheita.

Leitor: Ensinai-nos, Pai, a ter compaixão daqueles que sofrem, assim como vosso Filho Jesus amou e cuidou dos sofredores.

Todos: Enviai, Senhor, operários para a colheita.

Leitor: Pelo nosso Batismo, fomos consagrados na mesma missão de Cristo. Ajudai-nos, Pai, a seguir a Cristo e anunciar a Boa-Nova do Reino por toda a nossa vida.

Todos: Enviai, Senhor, operários para a colheita.

25º encontro

Leitura orante
Vocação de Mateus

"Ao passar, Jesus viu um homem chamado Mateus, sentado na coletoria de impostos, e disse-lhe: 'Segue-me!' Ele se levantou e seguiu-o" (Mt 9,9).

INVOCAÇÃO DO ESPÍRITO SANTO

Canto: "A nós descei, Divina Luz!"

A nós descei, Divina Luz!
Em nossas almas acendei
O amor, o amor de Jesus! (bis)

Vinde, Santo Espírito,
E do céu mandai
Luminoso raio! (bis)

Vinde, Pai dos pobres,
Doador dos dons,
Luz dos corações! (bis)

LEITURA

Proclamar: Mt 9,9-13.

"Mateus está sentado na coletoria de impostos. Ali é o lugar de seu trabalho. Ele era um pequeno funcionário encarregado de coletar os impostos. Mas não era uma atividade que se podia exercer sem certo desconforto. Afinal, os coletores eram considerados pecadores por duas razões: arrecadavam o imposto para o odioso Império Romano e costumavam arrecadar mais do que o devido.

Mateus conta sua história de discípulo e de como a relação entre ele e Jesus aconteceu. Ele é chamado por Jesus e imediatamente o segue. Sem dúvida que a narração deve ter causado arrepios nos ouvintes. Jesus utiliza como exemplo de resposta imediata ao chamado uma pessoa que era considerada impura e, por que não, traidora.

Mas também a força irresistível de Jesus sobre ele o faz convidar Jesus para ir até a sua casa. E agora é Jesus que o segue. Na casa de Mateus, reunidos ao redor da mesa, vive-se a comunhão. Não há nenhuma palavra no texto que lembre afastamento ou exclusão. Jesus não exclui o(s) pecador(es) do seu grupo. Não há como perceber qual é o grupo de impuros e qual seria o grupo de santos. Juntos eles fazem a refeição daqueles que se percebem como um só e o mesmo grupo. Não há hierarquização. Não se discute quem é o maior e quem é o menor, quem é o mais importante e quem é o menos importante. Não se preocupam em separar os melhores dos piores. Ali, assentados ao redor da mesma mesa e servindo-se da mesma refeição, são todos, absolutamente, irmãos.

Mas o preconceito logo vem à tona. Os fariseus reagem à comunhão estabelecida e procuram desqualificar e deslegitimar a atitude do mestre. Questionam seus discípulos: como vocês podem ter como mestre uma pessoa que não sabe distinguir e separar os bons dos maus? Eles desconhecem a lógica inclusiva de Jesus. Na verdade, os fariseus trabalham com outra lógica que não permite viver em uma casa comum. Devemos também perceber que os discípulos não estranham nem um pouco a atitude de Jesus. Eles mesmos estão ao redor da mesa. Eles não ficam admirados e/ou questionando a atitude de Jesus. São sabedores de que o ministério de Jesus é junto aos pecadores. Para Jesus a fraternidade é superior às ciladas da exclusão.

Nesse episódio todas as barreiras são superadas. Diz-se não para todas as formas de preconceito que impedem de nos aproximarmos uns dos outros. A força do seguimento de Jesus nos impede de julgarmos os outros e de criarmos muros de separação. A misericórdia, no projeto de Jesus, tem a última palavra. O sacrifício perde a força quando não se consegue ser solidário, fraterno e inclusivo nas relações do cotidiano. Afinal, de que adiantaria o sacrifício, se em nossas relações interpessoais não amássemos uns aos outros?" (colaboração: Luiz Alexandre Solano Rossi).

MEDITAÇÃO

Mateus considerou ser mais importante seguir Jesus do que exercer a sua profissão de cobrador de impostos. Ele também era excluído, porque tinha uma profissão considerada desprezível pelos judeus. Jesus não o desqualificou, ao contrário, chamou-o para fazer parte do grupo dos seus apóstolos seguidores. Hoje, quem são os chamados a seguir Jesus?

Que qualidades Jesus leva em conta para chamar uma pessoa para segui-lo?

Depois de chamar o publicano Mateus, considerado impuro, Jesus foi a sua casa e se sentou à mesa com os pecadores e seus discípulos. Jesus nos chama para formar uma grande família, sem preconceitos. Quem são os chamados a sentar-se, hoje, à mesa com Jesus?

Jesus manda o povo ler e entender o Antigo Testamento, que diz: "Quero misericórdia e não sacrifício". O que Jesus quer dizer com isto?

ORAÇÃO

Como sois bom, Jesus! Ao passar pela rua, vistes Mateus arrecadando impostos. Não olhastes para o que diziam dele, e sim para o seu coração, por isso o chamastes para seguir-vos.

Vós chamais a todos para sentar-se à mesa convosco. Não discriminais ninguém, mesmo sendo pecadores reconhecidos.

Olhastes para mim e também me chamastes para vos seguir. Sede meu Mestre e meu amigo de todas as horas.

Quero sentar-me convosco para conversar muito e sentir o vosso olhar, sabendo que não me condenais, pelo contrário, sempre me perdoais e me acolheis, porque sou fraco e pecador.

CONTEMPLAÇÃO

Jesus ultrapassa nossa maneira de ver o mundo e as relações entre as pessoas. Estamos acostumados a ver as coisas e as pessoas somente por sua riqueza e poderio. Jesus vê, em primeiro lugar, o coração de bondade que cada um tem.

Também quero acolher as pessoas em minha vida. Quero ter amizade com todos e, especialmente, com aqueles que são quietos ou tímidos e quase nunca brincam. Não vou rejeitar ninguém só por ser mais pobre que eu. Jesus aceita e quer bem a todos nós, sem preferência ou distinção.

ENCERRAMENTO

Vamos dar as mãos e rezar o Pai-nosso, sentindo-nos, de fato, irmãos e filhos do mesmo Pai, assim como Jesus nos ensinou.

26º encontro

Ensino através das parábolas

"O Reino dos Céus é como um tesouro escondido num campo. Alguém o encontra, deixa-o lá bem escondido e, cheio de alegria, vende todos os seus bens e compra aquele campo" (Mt 13,44). A romãzeira, com seus frutos suaves, é símbolo das perfeições divinas que alcançam o coração do discípulo que encontra Cristo.

Leitor 1: "O Reino dos Céus é semelhante a um tesouro escondido no campo. Um homem o acha e torna a esconder e, na sua alegria, vai, vende tudo o que possui e compra aquele campo" (Mt 13,44).

Leitor 2: Senhor, é grande a nossa alegria, porque encontramos em vós o nosso verdadeiro tesouro. Queremos amar-vos acima de qualquer outra coisa. Vós sois a pessoa mais importante de nossas vidas.

Leitor 1: "O Reino dos Céus é semelhante a um negociante que anda em busca de pérolas finas. Ao achar uma pérola de grande valor, vai, vende tudo o que possui e compra-a" (Mt 13,45).

Leitor 2: Senhor, ainda não sois o bem maior de nossas vidas. Estamos presos a muitas coisas que nos impedem de amar-vos de verdade. Temos o coração apegado aos bens deste mundo. Preferimos outros divertimentos, que tantas vezes nos separam do vosso amor.

PARA PENSAR

O povo gostava de ouvir Jesus porque ele tinha um jeito bem popular de ensinar por meio de parábolas. Uma parábola é uma comparação que usa as coisas conhecidas e visíveis da vida para explicar as coisas invisíveis e desconhecidas do Reino de Deus. Jesus tinha uma capacidade muito grande de encontrar imagens bem simples para comparar as coisas de Deus com as coisas da vida que o povo conhecia e experimentava na sua luta diária pela sobrevivência. Isto supõe duas coisas: estar por dentro das coisas da vida e estar por dentro das coisas de Deus, do Reino de Deus.

Vamos ter presente que o modo de Jesus pensar é muito diferente da lógica do mundo ao seu redor. As parábolas mostram o novo jeito de ser daquele que aceitou seguir Jesus.

Quando terminava de contar uma parábola, Jesus não a explicava, mas costumava dizer: "Quem tem ouvidos para ouvir, ouça!". O que significava: "É isso! Vocês ouviram. Agora, tratem de entender!". De vez em quando, ele explicava para os discípulos. O povo gostava desse jeito de ensinar, porque Jesus acreditava na capacidade das pessoas de descobrir o sentido das parábolas. A experiência que o povo tinha da vida era para ele um meio de perceber a presença do mistério de Deus em suas vidas e criar coragem para não desanimar na caminhada.

É nosso papel descobrir o que está subentendido nas parábolas. Por exemplo: semente de mostarda refere-se ao Reino; joio, às más ações; trigo, às boas ações. Entretanto, Jesus o revela somente aos que têm fé.

Jesus contava as parábolas se inspirando nos acontecimentos de seu tempo. Quais ensinamentos das parábolas comentadas neste encontro você recebeu como novidade para a sua vida? Em casa, aprofunde a parábola sobre o rico e o indigente, Lázaro: Lc 16,19-31. Comente e tire suas conclusões junto com os seus familiares.

PARA CELEBRAR

Leitor 1: "Disse Jesus: 'Eu sou o bom pastor. O bom pastor dá sua vida pelas suas ovelhas'" (Jo 10,11).

Leitor 2: "Eu sou o bom pastor; conheço as minhas ovelhas e as minhas ovelhas me conhecem. Eu dou a minha vida pelas minhas ovelhas" (Jo 10,14.15b).

Leitor 3: (Proclama Lc 15,4-7 – A ovelha perdida.)

(Alguns instantes de silêncio.)

Todos:

"O Senhor é meu pastor, nada me falta,
em verdes pastagens me faz repousar.
Para as águas tranquilas me conduz
e restaura minhas forças.
Ele me guia por caminhos seguros.
Ainda que eu caminhe por um vale tenebroso,
nenhum mal temerei, pois estás junto a mim.
Teu bastão e teu cajado me deixam tranquilo" (Sl 23,1-4).

Catequista: O Senhor esteja convosco.

Todos: Ele está no meio de nós.

Catequista: Abençoe-nos o Deus todo-poderoso: Pai, Filho e Espírito Santo.

Todos: Amém.

27º encontro
O semeador

Jesus semeia a sua Palavra. Como acolhemos esta semente no solo de nosso coração depende de cada um de nós.

Catequista: Vamos iniciar nossa oração nos predispondo a ser terra boa para acolher o amor de Deus, a sua Palavra que é Cristo e a força do seu Espírito. Em nome do Pai...

Leitor 1: Ó Pai querido, queremos ser terreno bom para receber tua Palavra e fazê-la crescer em nossa vida.

Todos: Queremos ser terra boa.

Leitor 2: A tua Palavra chega ao nosso coração e nos inspira a fazer o bem às pessoas.

Todos: Tua Palavra muda nosso interior e nos faz ser bons de coração.

Canto: "Envia tua Palavra, Palavra de salvação"

PARA PENSAR

Leitura bíblica: Lc 8,5-15 – *A parábola da semente.*

"É o próprio Jesus quem fez a afirmação de que a semente é a Palavra de Deus. E não podemos nos esquecer de que a Palavra de Deus é Jesus Cristo; logo, a semente a ser semeada é Jesus mesmo. Que conteúdo transformador possui essa semente? Podemos resumir em sementes que produzem amor, salvação, perdão, reconciliação, esperança, justiça.

Que tipo de semente plantamos em nossos corações e que semeamos nos corações de outros? Os caminhos, as pedras, os espinhos e a terra boa em que a semente caiu são os mais diversos corações das pessoas. Existem aqueles que vivem de ouvir a palavra. Aqueles que somente ouvem não se preocupam em praticar. Acreditam que a vida de Jesus se resume em escutar histórias – ainda que sejam belas – e nada mais.

Outros até se alegram com a palavra/semente recebida. Contudo, por falta de raiz não têm estabilidade e diante das tentações e provações da vida logo desistem. Não possuem o firme fundamento para as horas difíceis da vida. Muitos caem entre os espinhos e são sufocados pelas preocupações, riqueza e prazeres da vida.

Podemos também nos ver como semeadores, isto é, como discípulos e missionários que percorrem os caminhos semeando a Palavra que é Jesus Cristo. A semente é e sempre será boa.

Mas existem também aqueles que caem na terra boa. Estes ouvem com o coração aberto e generoso. Estão abertos para a Palavra que transforma a tudo e a todos. Ouvem mas também conservam a Palavra. As sementes lançadas por Jesus têm como fim último dar fruto. Por isso, vamos sempre olhar para o solo dos nossos corações a fim de observar que tipo de planta está crescendo dentro de nós.

Pelo menos três palavras se destacam no texto, a saber: *ouvir, guardar* e *frutificar.* São expressões que necessariamente precisam andar juntas para que o resultado positivo seja alcançado. De nada vale uma sem as outras duas e, além disso, uma nunca é mais importante do que a outra. As três fazem parte de um mesmo e só processo. Saber vivenciar essas expressões é um dos maiores desafios que temos como discípulos e missionários de Jesus Cristo. E por isso sempre serão considerados exemplos de vocação e de perseverança" (colaboração: Luiz Alexandre Solano Rossi).

Por isso, aquele que segue o Senhor faz brotar a semente e produz fruto, oitenta... cem por um, segundo a medida de sua adesão e confiança no Senhor.

Plante um grão de feijão. Aproveite para contemplar o crescimento do broto, dia após dia... Compare com o crescimento de nossa fé em direção a uma vida plena da presença de Deus. Precisamos ser a terra boa, macia e pronta para receber a semente da Palavra. Quais os frutos que a Palavra de Deus está produzindo em nossa vida e em nossa comunidade? A semente da Palavra é sempre eficaz por si mesma, mas será que somos aquele solo bom para fazer essa semente brotar, crescer e dar fruto? Podemos opor-lhe resistência com a nossa má vontade de ouvir e levar a sério o que a Palavra nos orienta. Deus se dirige a nós, mas espera pela nossa liberdade para responder-lhe sim ou não. O nosso sim significa que acolhemos a Palavra até o ponto de ela produzir os frutos das boas ações.

PARA CELEBRAR

1º passo: O catequista indica um livro do evangelho para ser pesquisado pelas crianças. Cada uma delas deverá escolher um ou dois versículos do seu gosto.

2º passo: Em clima de silêncio e em tom de oração, o catequista convida cada uma para ler duas vezes a passagem escolhida.

Se for conveniente, faz-se a partilha dos textos proclamados.

28º encontro

O bom samaritano

O homem habitante da região da Samaria socorre um judeu, considerado povo inimigo, sem nenhum outro interesse que não o de fazer-lhe o bem.

ORAÇÃO

Catequista: Vamos rezar um trecho de duas orações eucarísticas para a missa com crianças. Na missa esta oração é sempre rezada por aquele que preside a missa. Notem como as orações apresentam Jesus bem próximo de nós.

Todos: ó Pai, vós sois muito bom:
amais a todos nós
e fazeis por nós coisas maravilhosas.
Vós sempre pensais em todos
e quereis ficar perto de nós.

Mandastes vosso Filho querido
para viver no meio de nós.
Jesus veio para nos salvar:
curou os doentes,
perdoou os pecadores.
Mostrou a todos o vosso amor, ó Pai;
acolheu e abençoou as crianças.
Bendito o que vem em nome do Senhor.
*Hosana nas alturas!**
Louvado seja vosso Filho Jesus,
amigo das crianças e dos pobres.
Ele nos veio ensinar
a amar a vós, ó Pai, como filhos e filhas,
e amar-nos uns aos outros, como irmãos e irmãs.
Bendito o que vem em nome do Senhor.
Hosana nas alturas!
Jesus veio tirar do coração
a maldade que não deixa ser amigo e amiga
e trazer o amor que faz a gente ser feliz.
Ele prometeu que o Espírito Santo
ficaria sempre em nós
para vivermos como filhos e filhas de Deus.
Bendito o que vem em nome o Senhor.
*Hosana nas alturas!***

---

* Oração Eucarística com crianças I.
** Oração Eucarística com crianças II.

PARA PENSAR

Leitura bíblica: Lc 10,25-37 – *O bom samaritano.*

"O objetivo de Lucas é mostrar à comunidade e às suas lideranças como devem viver e agir de acordo com a vontade de Deus. 'O que devo fazer para ter a vida eterna?' A resposta de Jesus faz com que voltemos os olhos para o tema do amor e da solidariedade. Para explicar a vida eterna, Jesus usa o que de mais concreto existe: a própria vida. Como poderíamos pensar que o amor se resumiria apenas em amar a Deus e viver de maneira contrária em relação ao próximo? Amamos a Deus, que não vemos, a partir do momento que também amamos nossos irmãos, aos quais vemos.

A parábola contada por Jesus é exemplar: tanto o levita quanto o sacerdote, a caminho de Jericó, podendo fazer diferença na vida daquele que estava caído e machucado, resolveram continuar adiante. Estavam muito possivelmente cheios de doutrinas religiosas, mas vazios de prática. A religião que eles fomentavam no coração não os ajudava a viver solidariamente. É o próximo que define quem somos!

A parábola toma um rumo inesperado. Jesus escolhe um samaritano para cumprir o mandamento do amor. Os samaritanos eram considerados mestiços e não eram bem-vistos pelos judeus nos dias de Jesus. Existia um ódio mortal entre eles que não permitia qualquer tipo de reconciliação. A escolha de Jesus por um samaritano nos ensina que o mandamento do amor não conhece limites e limitações.

Nos versos 34-35 lemos em detalhes a ação misericordiosa e solidária do samaritano: cura as feridas daquele que estava machucado e jogado pelo caminho, coloca-o sobre a montaria, leva-o a uma hospedaria e por ele vela. Mais do que isso, quando segue viagem, paga ao proprietário da hospedaria, assumindo assim responsabilidade sobre as despesas que venham a surgir. Não existem barreiras. Não há lugar no coração do samaritano para o preconceito.

Quem é meu próximo? É uma pergunta que não pode ficar sem resposta. "Vai e faze o mesmo" continua tendo o mesmo valor tanto ontem quanto hoje. Somente quando chegarmos a esse ir e fazer é que estaremos libertos das prisões que delimitam nossa forma de amar!" (colaboração: Luiz Alexandre Solano Rossi).

É muito mais comum pensarmos em nossos interesses antes de qualquer outra coisa. Veja, surgiu até o fenômeno da invisibilidade, ou seja, tropeçamos em alguém caído na calçada e nem o enxergamos, não faz a menor diferença. E se observamos aqueles que garimpam as lixeiras, atrás de alguma coisa para reciclar ou até para comer, o que poderemos fazer para isto não continuar acontecendo?

O modo de agir do samaritano, socorrendo gratuitamente o judeu, sem levar nenhuma vantagem para si, criou o costume de chamar "samaritano" todo aquele que faz o bem desinteressadamente. Normalmente, em nossa comunidade, ou em nosso bairro, ou escola encontramos associações, movimentos, pastorais, grupos de pessoas que se unem para atuar em favor dos que mais sofrem com a pobreza ou indigência.

Identifique no seu bairro ou escola alguma instituição ou grupo de ação de pessoas que mereça o título de "samaritana".

Verifique se em sua comunidade paroquial funciona alguma pastoral social. Qual ou quais? Por pastoral social chamamos aqueles grupos organizados que atuam em favor da criança de 0 a 7 anos, dos pobres (vicentinos), do sofredor de rua, da criança ou adolescente desprotegidos (pastoral do menor), da sobriedade...

A doação total de Cristo na cruz nos convida a entrar em comunhão com ele, para que a nossa vida também seja doada em favor dos que sofrem ou andam tristes. Isto já é a vivência do sacramento da Eucaristia em sua forma mais verdadeira.

Em nosso coração vamos tomar um sério propósito: fazer o bem a todos, o mal a ninguém! Pense nisto.

Procure encenar novamente a parábola, agora, recriando-a com as situações de hoje.

Ser samaritano hoje implica desenvolver uma consciência política de inclusão do marginalizado na sociedade. Nem sempre o gesto de oferecer uma esmola para alguém na rua é a melhor forma de praticar a caridade. Este ato poderá reforçar a pessoa a permanecer na rua e a não buscar uma solução mais digna para a sua situação, junto aos órgãos públicos. É melhor se comprometer com uma ONG que tenha finalidade de prestar socorro social. Lá as pessoas são atendidas com dignidade.

PARA CELEBRAR

Dispor de um pouco de azeite colocado próximo do livro da Bíblia.

Todos se põem uns minutos em silêncio.

O catequista proclama calmamente: Mc 9,33-37 – *Quem é o maior?*

Explica brevemente a passagem, especialmente: "Se alguém quiser ser o primeiro, seja o último de todos, aquele que serve a todos!" (v. 35).

Depois toma o recipiente com óleo nas mãos e explica: assim como o samaritano aproximou-se do judeu caído e tratou-lhe as feridas, derramando nelas óleo e vinho, agora, as crianças terão seus pulsos ungidos, para que todas tenham força e coragem para ajudar o outro em todas as circunstâncias da vida.

O catequista realiza o gesto. Conclui com a oração do Pai-nosso.

29º encontro

Jesus ensina a rezar o Pai-nosso

Na oração nos dirigimos ao Pai, por Jesus, na força do Espírito Santo. Que o Filho de Deus ore por nós como nosso sacerdote, ore em nós como nossa cabeça, e também nós rezemos a ele como nosso Deus.

PARA PENSAR

Leitura bíblica: Mt 6,7-15 – *A oração do Pai-nosso*.

Somos orientados por Jesus a não usar muitas palavras na oração, como faziam os fariseus de seu tempo, que gostavam de mostrar que estavam orando. Ele sabe o que nos é necessário antes mesmo de lhe pedirmos.

Jesus quer que oremos com simplicidade e confiança no seu amor. Não há apenas uma fórmula para falar com Deus. O importante é termos uma atitude de confiança nele. Jesus sempre se referiu a Deus como Pai. O que ele quer dizer com isso? Em que sentido Deus é Pai para nós?

Se somos todos filhos dele, somos também todos iguais perante ele. Deus é o nosso pai em comum, nos aceita como filhos e quer que formemos a grande família humana, a dos filhos de Deus, sem que uns vivam na miséria e outros na opulência e no luxo. Somos filhos, irmãos uns dos outros, e protetores da natureza.

Jesus disse muitas vezes que veio a este mundo para fazer a vontade do Pai (Jo 4,34; Lc 22,42). A felicidade do cristão consiste em realizar em si mesmo a vontade de Deus, isto é, viver o amor até o fim, assim como seu Filho amado nos ensinou no seu Evangelho. Sua vontade nos leva a crescer sempre mais como pessoas e segundo a trilha do Evangelho: solidariedade, fraternidade, justiça e respeito pela dignidade humana...

Deus quer sempre o bem de seus filhos, nunca o mal. O sofrimento, o mal e as doenças decorrem de nossa natural limitação humana e das consequências de nossos pecados, que geram a violência, a dor, as guerras, a fome... O Pai quer que vivamos intensamente o projeto de Jesus em nossa vida e que lutemos contra toda forma de escravidão para sermos verdadeiramente irmãos.

Escreva o trecho do Pai-nosso que mais lhe chamou a atenção e reflita sobre ele. Apresente e justifique o trecho escolhido no próximo encontro.

PARA CELEBRAR

A oração é uma conversa com Deus. O que Deus nos diria nesta conversa? Qual é sua resposta para nossa oração?

Nós: Pai nosso, que estais no céu.

Deus: _____

Nós: Santificado seja o vosso nome

Deus: _____

Nós: Venha a nós o Vosso Reino.

Deus: _____

Nós: Seja feita a vossa vontade assim na terra como nos céus.

Deus: _____

Nós: O pão nosso de cada dia nos dai hoje.

Deus: _____

Nós: Perdoai-nos as nossas ofensas,

assim como nós perdoamos a quem nos tem ofendido.

Deus: _____

Nós: E não nos deixeis cair em tentação.

Deus: _____

Nós: Mas livrai-nos do mal.

Deus: _____

Nós: Amém.

Entrega do Creio e do Pai-nosso

Jesus entrega a luz da fé para aquele que aceita seu projeto de vida. O grande círculo envolve quem crê para elevá-lo à esfera de Deus.

A oração do Creio identifica que temos uma fé comum em Deus Trino. Assim, essa oração torna-se para nós o elemento de unidade e comunhão no mesmo ato de fé.

ENTREGA DO CREIO

Depois da homilia, o **diácono** ou o **catequista** diz:

Aproximem-se os catecúmenos (aqueles que vão receber o Batismo) e os catequizandos para receberem da Igreja a Oração da nossa fé.

Quem preside dirige estas palavras ou outras semelhantes:

Caríssimas crianças, agora vocês escutarão as palavras da fé pelas quais vocês serão salvas. São poucas, mas contêm grandes mistérios. Recebam e guardem essas palavras com pureza de coração.

Quem preside começa o Creio, dizendo:

Creio em Deus... (continua sozinho ou com os fiéis)
Pai todo-poderoso, criador do céu e da terra.
E em Jesus Cristo, seu único Filho, nosso Senhor,
que foi concebido pelo poder do Espírito Santo;
nasceu da virgem Maria; padeceu sob Pôncio Pilatos,
foi crucificado, morto e sepultado.
Desceu à mansão dos mortos; ressuscitou ao terceiro dia,
subiu aos céus; está sentado à direita de Deus Pai todo-poderoso,
donde há de vir a julgar os vivos e os mortos.
Creio no Espírito Santo; na Santa Igreja Católica;
na comunhão dos santos; na remissão dos pecados;
na ressurreição da carne; na vida eterna. Amém.

ORAÇÃO SOBRE OS CATECÚMENOS E AS CRIANÇAS

187. O **diácono** ou um **ministro** convida os catecúmenos e as crianças a se ajoelharem.*

Quem preside diz com estas palavras ou outras semelhantes:

Oremos pelos nossos catecúmenos e crianças:
Que o Senhor nosso Deus abra os seus corações
e as portas da misericórdia
para que possam receber nas águas do Batismo
e nas lágrimas da penitência

---

* Os números no início do parágrafo correspondem àqueles do Ritual de Iniciação Cristã de Adultos.

o perdão de todos os seus pecados
e a alegria de viver sempre em Cristo.

Todos: Amém.

Quem preside, com as mãos estendidas sobre os candidatos:
Senhor, fonte da luz e da verdade,
imploramos vosso amor de Pai em favor destes vossos servos,
purificai-os e santificai-os; dai-lhes verdadeira ciência,
firme esperança e santa doutrina
para que se tornem dignos da graça do Batismo
(que já receberam ou que vão receber). *Por Cristo, nosso Senhor.*

De forma semelhante, **quem preside** poderá entregar a oração do Pai-nosso no momento desta oração durante a missa.

Unidade IV
A Páscoa de Cristo

30º encontro

Bem-aventuranças

Moisés, no monte Sinai, entregou a lei. Agora, o novo Moisés, sentado como Mestre, faz os apóstolos e o povo subirem ao monte para entregar a nova lei da vida. Em Jerusalém, Jesus irá cumprir as bem-aventuranças com seu amor até a cruz.

"Padre Josimo foi um sacerdote diocesano que nasceu e viveu no estado de Tocantins. Para ele, foram grandes as consequências de assumir seu Batismo e seguir o chamado de Deus até o fim.

Conta a mãe de padre Josimo que ele nasceu na beira do açude, onde ela estava lavando roupa. Não havia ninguém para ajudar no parto e ela pediu a proteção de Deus. Lavou o menino com sabão caseiro e água fria do açude, enrolou-o nas roupas que ia lavar e pediu a Deus que a ajudasse a cuidar dele. E Deus levou muito a sério o pedido daquela humilde mãe.

O menino cresceu e se tornou padre de muita oração e fé; por isso, teve forças para viver sua vocação batismal e sacerdotal.

Era um homem do povo, defensor dos pobres, que lutava pela justiça. Esqueceu de si e enfrentou ameaças e perseguições por estar no meio dos injustiçados; por esse motivo, tornou-se um mártir da libertação e da esperança. Morreu na luta pela justiça e pela reforma agrária. Foi assassinado com dois tiros pelas costas num sábado, 10 de agosto de 1986. Seu testamento espiritual é um ato de amor e de fé na vocação: 'O que vem acontecendo comigo se resume em eu ter sido chamado por Deus para a vocação sacerdotal, ter-me ordenado para servir o povo e ter correspondido a esse chamado'" (CNBB – Equipe de Animação Bíblico-Catequética do Regional Centro-Oeste. *Viver em Cristo*; caminho da fé com adultos. São Paulo: Paulinas, 2006. pp. 47-48).

PARA PENSAR

Leitura bíblica: Mt 5,1-12 – *As bem-aventuranças.*

Todo ser humano anseia ser feliz. Vive buscando a felicidade. As bem-aventuranças indicam-nos o caminho da verdadeira realização humana.

O caminho de vida de Jesus contraria frontalmente os ideais de sucesso e de felicidade. A lei do mundo valoriza a grandeza, o poder e a fama e exclui o pobre. Os ricos e os poderosos são exaltados, por isso, na maioria das vezes, suas obras trazem o selo da ganância, da vaidade e da soberba, fruto do pecado. São bem-aventurados os que têm muito dinheiro e alcançaram a fama.

Jesus não exclui ninguém do banquete da vida, segue a lógica da inclusão, privilegia as relações humanas de justiça, de valorização da pessoa, de serviço e doação ao outro, que é considerado irmão e não concorrente. Por isso são bem-aventurados os pobres, porque deles é o Reino de Deus, ou aqueles que agora têm fome, porque serão saciados (Lc 6,20.21a).

Ele tem consciência de que as novas relações estabelecidas pelo Reino propõem um novo modelo de sociedade, mais igualitária, fraterna e solidária. Sabe que isso desperta o rancor e a perseguição das autoridades políticas e religiosas que não querem mudanças. Daí a grande bem-aventurança que resume as demais: "Bem-aventurados os que são perseguidos por causa da justiça, porque deles é o Reino dos Céus" (Mt 5,10). O confronto com as autoridades, motivado por suas atitudes em favor dos deserdados deste mundo, levaria Jesus a ser condenado a morrer na cruz.

Com a ajuda de seus familiares, responda as perguntas a seguir por escrito para serem comentadas no próximo encontro: Jesus estava preocupado em tornar-se famoso em seu tempo? Quais as pessoas que ele mais defendia? No seu modo de agir, o que ele mais valorizava? Por que foi perseguido?

31º encontro

Jesus celebra a Páscoa

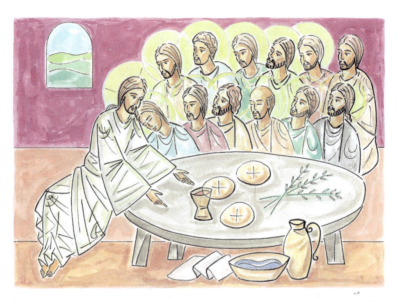

Às vésperas de ser morto na cruz, Jesus celebra a ceia pascal em comemoração à saída do Egito. As ervas amargas lembram a escravidão do povo; o pão e o vinho são o sacramento de sua entrega, como serviço de amor para a salvação da humanidade. Só vivemos a Páscoa se assumimos, como Cristo, o serviço do amor aos irmãos (o lava-pés). Judas não tem auréola, já que não aceitou esse plano para si.

Leitor 1: Jesus celebrou a Páscoa. Festa da libertação em que os judeus foram libertos da escravidão do faraó e atravessaram o mar a pé enxuto. Naquela noite memorável, o sangue do cordeiro sacrificado foi utilizado para marcar as portas das casas dos judeus e, assim, afastou a ira do anjo exterminador. Também, no deserto, o sangue do cordeiro imolado selou a aliança que Moisés estabeleceu com Deus em nome do povo eleito.

Leitor 2: Jesus dá um novo significado para a Páscoa. Ele é o cordeiro que tira o pecado do mundo, que sela uma nova aliança entre Deus e a humanidade com seus braços abertos na cruz.

Todos: Cordeiro de Deus que tira o pecado do mundo, tende piedade de nós. (bis)

Cordeiro de Deus que tira o pecado do mundo, dai-nos a paz.

PARA PENSAR

Leitura bíblica: 1Cor 11,23-26 – *A ceia do Senhor.*

Jesus, seguindo o costume de seus irmãos judeus, celebrava todos os anos a Páscoa em memória dos acontecimentos do Êxodo, em que se deu a fuga da escravidão do Egito. A celebração ritual da Páscoa judaica é substituída pela Eucaristia: "Fazei isto em memória de mim". Essa é a celebração sacramental nova, festa do novo êxodo pascal de Cristo.

Jesus celebrou a Páscoa com um novo sentido. Ele tomou os elementos da Páscoa celebrada desde o tempo de Moisés e aplicou-os a si mesmo. Isso aconteceu às vésperas de ser entregue e condenado à morte. Antecipadamente, ele celebrou em forma de ceia pascal o que iria acontecer no calvário no dia seguinte.

Nessa ceia, ele bendisse a Deus sobre o pão sem fermento que era partido e distribuído, e viu nesse gesto o sacrifício do seu corpo imolado na cruz e dado como alimento. Nela, tomava--se vinho e comia-se o carneiro sacrificado, cujo sangue selou a primeira aliança entre Deus e o povo e também poupou da morte os primogênitos. Jesus é o novo cordeiro que tira o pecado do mundo, seu sangue redentor derramado na cruz perdoa todo pecado.

Sua morte é Páscoa, mostra a intervenção do Pai que salva a humanidade pelo amor do seu Filho levado às últimas conse-quências. Jesus, o Filho de Deus encarnado, entende a sua vida e a sua missão como serviço de amor à humanidade. Ele se doa inteiramente. Essa doação é a concretização do seu amor. Antes da festa da Páscoa, sabendo Jesus que chegara a sua hora de passar deste mundo para o Pai, tendo amado os seus que estavam no mundo, amou-os até o fim (Jo 13,1).

Recordamos com admiração o gesto do adolescente Lucas Vezzaro, que, aos 14 anos, consumou plenamente o dom de si após salvar, um a um, três colegas do ônibus escolar que caiu na represa aos 17 de setembro de 2004, em Erechim (RS). Bom nadador, começou a ajudar os colegas, em vez de procurar a segurança da margem do lago. Primeiro, agarrou sua prima Daiane e a arrastou para a beirada da represa, depois Márcia, em seguida Angélica; na quarta vez já não voltaria mais.

Recorda a mãe: "Lucas era um menino que nunca conseguiu ver alguém em dificuldade sem oferecer ajuda". Era filho único. Após o almoço, lavava a louça, passava aspirador de pó na casa, varria o quintal, cuidava da horta e fazia a lição de casa. Mesmo com tanto afazeres, ainda achava tempo para o futebol com os amigos (cf. SCHELP, Diogo. O pequeno grande herói. Revista *Veja*, 29 de setembro de 2004).

Viveu, como Jesus, a máxima oferta eucarística: "Ninguém tem maior amor do que aquele que dá a sua vida pelos seus amigos" (Jo 15,13).

> Páscoa é passagem da morte à vida. Significa morrer para o comodismo, a preguiça e a mentira, doando a própria vida, como Jesus. Assim, vamos nos esforçar para sermos mais solidários com os colegas, ter espírito, vontade e atitudes de colaboração e serviço. Nossos pais trabalham muito para que não nos falte o necessário em casa. E nós, em que contribuímos? Jesus vai adiante de nós e doa toda a sua vida.

PARA CELEBRAR

Comentarista: *Cristo mostra a relação que existe entre dar a vida na cruz e o serviço humilde de lavar os pés. É um gesto através do qual o Senhor deseja fazer compreender o sentido profundo da sua missão redentora: um serviço de amor a Deus e ao ser humano,* *que tem seu ponto alto na paixão e na morte. Assim, também, o pão e o vinho partilhados são os sacramentos do seu corpo entregue e do seu sangue derramado como serviço de amor e de solidariedade.*

Leitor 1 faz a parte de Pedro; **leitor 2**, a de Jesus na proclamação de: Jo 13,1-17. Em seguida, o catequista explica o valor do gesto de Jesus, que, como Mestre e Senhor, lavou os pés dos apóstolos e pede que nós o imitemos.

Comentarista dá sequência ao lava-pés com aqueles que foram previamente orientados e preparados. Todos cantam.

Leitor 1 (o primeiro a lavar o pé) diz: *O Filho do Homem não veio para ser servido, mas para servir e dar a sua vida em resgate por muitos* (Mt 20,28).

Leitor 2 (o segundo a lavar o pé) diz: *Se alguém quiser ser o primeiro, seja o último de todos e o servidor de todos* (Mc 9,35).

Leitor 3 (o terceiro a lavar o pé) diz: *Vós sois meus amigos, se praticais o que vos mando. Isto vos mando: amai-vos uns aos outros* (Jo 15,14.17).

(Recomenda-se cantar:

Eu quis comer esta ceia agora, pois vou morrer, já chegou minha hora.

Comei, tomai: é meu corpo e meu sangue que dou. Vivei no amor, eu vou preparar a ceia na casa do Pai.

Ou outro canto com essa temática.)

Comentarista convida para a oração do Pai-nosso.

32º encontro

Jesus morre na cruz

Assim como o cordeiro da Páscoa dos judeus, "Cristo, nosso cordeiro pascal, foi imolado" (1Cor 5,7). A cruz é a nova árvore da vida, à qual estamos ligados como os ramos ao tronco da videira (cf. Jo 15,1-8). Do seu lado aberto saiu água e sangue, o Batismo e a Eucaristia (cf. Jo 19,34).

Catequista: Ó Deus, pela vossa graça, nos fizestes filhos da luz. Concedei que não sejamos envolvidos pelas trevas do erro, mas brilhe, em nossas vidas, a luz da vossa verdade. Por Nosso Senhor Jesus Cristo, vosso Filho que morreu na cruz por todos nós, na unidade do Espírito Santo. Amém!

PARA PENSAR

Leitura bíblica: Mc 15,1-39 – *A paixão de Cristo*.

Jesus não hesitou em defender os oprimidos. Condenava o poder e a riqueza construídos à custa da opressão, assim como as desigualdades sociais, as discriminações e as leis injustas que favoreciam apenas uma pequena parcela da sociedade. Não aceitou a hipocrisia e o uso da religião em proveito próprio. Anunciou o Reino de justiça, amor e paz, pois todos são iguais perante Deus, com os mesmos deveres e direitos. Perdoou os pecadores e curou os doentes numa sociedade em que as pessoas os discriminavam por pensarem que eles sofriam porque haviam pecado, excluindo-os de sua convivência.

Para Jesus, as observâncias religiosas deviam ajudar o ser humano e não escravizá-lo, por isso curava no sábado (considerado dia sagrado para os judeus) e afirmou: "O sábado foi feito para o homem, e não o homem para o sábado" (Mc 2,27). Era um mestre diferente daqueles do seu tempo, porque admitia mulheres como suas discípulas e ensinou a humildade e o serviço, por isso lavou os pés dos seus apóstolos e recomendou que o fizessem aos outros (Jo 13,14-15).

Tais atitudes geravam confronto com a sociedade estabelecida de seu tempo. Incomodava muito. As incompreensões dos dirigentes e das autoridades religiosas atiçaram o povo para exigir a morte de Cristo. Jesus, Filho de Deus, chamava o Pai de *Abba*. Por considerar-se filho de Deus, foi tido como blasfemo. Após ser traído, foi entregue aos tribunais do Império e do Sinédrio.

É importante recordar as pessoas que não hesitaram em dar a vida na defesa dos direitos humanos e da justiça. Muitos cristãos seguiram Jesus com fidelidade, como fizeram os apóstolos e os primeiros cristãos. D. Helder Câmara, D. Luciano Mendes de Almeida, Madre Teresa de Calcutá e tantos outros são exemplos a serem seguidos.

PARA CELEBRAR

Anualmente, celebramos com solenidade a Sexta-feira da Paixão do Senhor. Nesse dia, as crianças fazem renúncia de algo, e os adultos jejuam. É o dia adequado para meditarmos a morte de Cristo, os nossos pecados e a conversão da qual precisamos para melhorar nossa maneira de ser.

33º encontro

Jesus ressuscita

Depois que Jesus morreu, no primeiro dia da semana, Maria Madalena foi ao túmulo levando perfume. Observou as faixas de linho no chão, e o pano que tinha coberto a cabeça de Jesus estava enrolado à parte. Ela enxergou dois anjos, vestidos de branco, sentados onde havia sido posto o corpo de Jesus (cf. Jo 20,1-15).

Catequista: Rainha do céu, alegrai-vos, aleluia.

Catequizandos: Pois o Senhor que merecestes trazer em vosso seio, aleluia.

Catequista: Ressuscitou, como disse, aleluia.

Catequizandos: Rogai a Deus por nós, aleluia.

Catequista: Alegrai-vos e exultai, ó Virgem Maria, aleluia.

Catequizandos: Porque o Senhor ressuscitou verdadeiramente, aleluia.

Catequista: Oremos. Ó Deus, que, na gloriosa ressurreição do vosso Filho, restituístes a alegria ao mundo inteiro, pela intercessão da Virgem Maria, concedei-nos gozar a alegria da vida eterna. Por Cristo nosso Senhor. Amém.

PARA PENSAR

Leitura bíblica: Jo 20,1-9 – O *túmulo vazio*.

Converse com seus colegas sobre o que nos leva a crer no Ressuscitado. Que sinais identificam sua presença atuante na comunidade? Onde encontrá-lo, agora que está na glória?

A ressurreição de Cristo é o centro de nossa fé: "Se Cristo não ressuscitou, vazia é a nossa pregação, vazia é também a nossa fé" (1Cor 15,14). A ressurreição é a vitória de Cristo sobre a morte e sobre todos os poderes contrários à vida humana. Se, por um lado, a sentença do mundo contra o Senhor decretou sua morte na cruz, por outro, o Pai devolve a vida a seu Filho, que a retoma livremente, e o Espírito Santo a vivifica e glorifica. A ressurreição é a garantia de que, em Cristo, nós alcançamos a vida plena e, com ele, somos igualmente vitoriosos sobre toda a maldade deste mundo e herdeiros da vida eterna. Nada nos poderá separar da vida e do amor em Cristo, nem o maior sofrimento, nem mesmo a morte.

Cristo, por seu Espírito, está presente em nós. Como glorioso, ele já não sofre os limites do tempo e do espaço. Está liberto da matéria e de suas limitações. Por isso, está presente na sua Igreja em todo momento: quando se congrega para a oração ou para a celebração dos sacramentos, celebra a Palavra de Deus, prega e dá testemunho e se dedica ao serviço dos irmãos nas obras de misericórdia. "O que fizestes ao menor desses pequeninos, a mim o fizestes" (Mt 25,40).

Cristo cumpriu a Páscoa com seu grande amor oferecido à humanidade e sua passagem para o Pai. Cabe-nos, agora, agir de tal modo que a Páscoa se cumpra em nós. A passagem ao Pai e a nova existência continuam em cada um de nós, por isso devemos viver como Jesus: com as mãos e o coração cheios de boas obras e de bons sentimentos.

PARA CELEBRAR

"A Vigília Pascal é a principal celebração da ressurreição do Senhor. Nos cinquenta dias do tempo pascal, celebramos a passagem de Cristo para sua nova vida como se fosse um só dia de festa, ou melhor, como um grande domingo" (*Normas universais do ano litúrgico*, n. 22.)

Catequista: A luz de Cristo Ressuscitado brilhe hoje em nossas vidas, acabando com a escuridão.

Meninos: Exulte de alegria dos anjos a multidão, exultemos, também, nós por tão grande salvação!

Catequista: A Cristo ressuscitado ressoe nossa voz!

Meninas: Do grande Rei a vitória, cantemos o resplendor: das trevas surgiu a glória, da morte o Libertador.

Catequista: A Cristo ressuscitado ressoe nossa voz!

Todos: Bendito seja o Cristo, Senhor, que é do Pai imortal esplendor! Aleluia! Aleluia! Aleluia!

34º encontro

Leitura orante – A Eucaristia

Assim como os Apóstolos e a Virgem Maria, nós também celebramos a ceia pascal, na qual Jesus deixou o pão e o vinho como sacramentos do seu Corpo entregue e do seu Sangue derramado na cruz.

INVOCAÇÃO DO ESPÍRITO SANTO

Convide todos para que juntos, de mãos dadas em volta da mesa, proclamem a seguinte oração:

Todos: Creio, meu Deus, que estou diante de Vós.

Que me vedes e escutais as minhas orações.

Vós sois tão grande e tão santo: eu vos adoro.

Vós me destes tudo: eu vos agradeço.

Vós sois misericordioso, eu vos peço as graças que sabeis serem necessárias para mim.

Ó Jesus Mestre, Verdade, Caminho e Vida, tende piedade de nós.

Todos: Vinde, Espírito Santo, enchei o coração dos vossos fiéis e acendei nele o fogo do vosso amor. Enviai o vosso Espírito e tudo será criado e renovareis a face da terra.

Catequista: Oremos.

Todos: Ó Deus, que instruístes os corações dos vossos fiéis, fazei que apreciemos retamente todas as coisas segundo vosso Espírito e gozemos sempre da vossa consolação. Por Cristo, Senhor nosso, Amém!

Cantemos: Tomai e comei, tomai e comei meu corpo e sangue que vos dou...

LEITURA

Vamos proclamar o Evangelho segundo Lucas, capítulo 22, versículos 14 ao 20.

MEDITAÇÃO

Agradecer não é uma atitude costumeira que vemos com frequência. Normalmente somos mais hábeis em pedir e mais lentos em reconhecer o benefício que foi feito a nós. Eucaristia quer dizer ação de graças. Quando celebramos a Eucaristia, agradecemos a Deus Pai porque nos criou, fez este mundo para nós e, mesmo com o nosso pecado, nos enviou Jesus Cristo, seu Filho, para nos salvar e nos aceitou, novamente, como seus filhos.

Ó Pai querido, como é grande a nossa alegria em vos agradecer e, unidos com Jesus, cantar vosso louvor. Vós nos amais tanto que fizestes para nós este mundo tão grande e tão bonito.

Pai, vós nos amais tanto que nos destes vosso Filho Jesus para que ele nos leve até vós. Vós nos amais tanto que nos reunis em vosso Filho Jesus, como filhos e filhas da mesma família.*

Como irmãos reunidos, sabemos reconhecer a importância da Eucaristia em nossa vida e na vida de nossa comunidade? Como a temos celebrado? Quais gestos, símbolos e sinais se fazem presentes?

Jesus se reúne com os discípulos e se põe à mesa. O desejo dele de estar com os seus amigos para a Ceia da Páscoa alcança um novo sentido: a sua entrega total – corpo e sangue – em favor da humanidade para que tivesse sempre presente a celebração de sua memória, presença e sacrifício. É esta a fonte da vida e da missão da Igreja, atualizada a cada domingo que dedicamos ao Senhor.

"Fazei isto em memória de mim." Com esta afirmação Jesus deposita em nós, a sua Igreja, a esperança de uma mudança radical de vida para que o Reino de Deus se realize plenamente. A Eucaristia é sacramento de um mundo novo, no qual ele por primeiro entrega sua vida por nós, lava os pés dos apóstolos, nos ensina a amar uns aos outros até o ponto de derramar o sangue.

Durante a celebração eucarística, assentamo-nos ao redor do altar onde se realiza o gesto sacramental de sua entrega e depois entramos em comunhão com esta ceia, ao recebermos o seu corpo e o seu sangue entregues por nós. Estamos dispostos a igualmente doar a nossa vida, sendo menos egoístas e compartilhando mais nossa amizade, jogos e nosso tempo?

De que modo cada um de nós pode ser sinal vivo da compaixão de Deus pelo irmão e irmã, preferencialmente pelos mais pobres?

---

* Oração Eucarística para missas com crianças – II.

ORAÇÃO

Rezar os Salmo 34,2-13 e 108,2-7.

CONTEMPLAÇÃO

A Eucaristia é verdadeiramente fonte e ponto culminante da vida e da missão da Igreja. Nela toda a nossa existência como filhos de Deus se eleva à perfeição e, assim, "tornamo-nos não apenas cristãos, mas o próprio Cristo" (Santo Agostinho).

35º encontro

O Espírito continua a missão de Cristo

"No primeiro dia da semana, os discípulos estavam reunidos. Jesus entrou e pôs-se no meio deles. Disse: 'A paz esteja convosco'. Então, soprou sobre eles e falou: 'Recebei o Espírito Santo'" (Jo 20,19.22).

PARA PENSAR

Leitura bíblica: Jo 20,19-23 – *Aparição aos discípulos*.

É a tarde do domingo de Páscoa. Os apóstolos estão entrincheirados no Cenáculo por medo dos judeus. E eis que, de repente, Jesus Ressuscitado, no esplendor de seu Corpo Glorioso, aparece no meio dos Apóstolos e lhes dirige a saudação da plenitude dos bens profetizados no Antigo Testamento: "A Paz (*shalom*) esteja com vocês" (Jo 19,20). É o cumprimento de quem, pela morte e ressurreição, venceu o mundo, as forças do mal e a própria morte; é a saudação do Cordeiro Vencedor que ainda traz em si os sinais da vitória, a qual conquistou: as marcas nas mãos, nos pés e no lado, perfurados.

O Espírito Santo é a terceira pessoa da Santíssima Trindade. É o amor do Pai e do Filho. O Espírito e Cristo agem juntos. A primeira efusão do Espírito se dá na tarde de Páscoa, como fruto da morte e ressurreição do Senhor.

No Primeiro Testamento, quando Deus criou o ser humano, soprou sobre ele, isto é, infundiu nele o seu Espírito. Agora, depois da Páscoa, Jesus sopra novamente sobre os apóstolos reunidos, insuflando um novo alento em seus corações. O sopro (hálito) de Jesus ressuscitado sobre os apóstolos comunica o dom do Espírito, princípio da nova criação e da nova vida. O ser humano é recriado pela força de Cristo e do seu Espírito.

Jesus Ressuscitado não nos deixa órfãos. Ele mesmo nos prometeu que o Espírito permaneceria com seus discípulos como penhor de sua volta para o Pai. Além disso: "O Espírito Santo que o Pai enviará em meu nome, vos ensinará tudo e vos recordará tudo o que eu vos disse" (Jo 14,26).

O Espírito, deixado por Cristo, tem a missão de continuar no mundo a obra de Cristo. Por isso, foi derramado sobre a Virgem e os apóstolos em forma de fogo (At 2,1-13). E o próprio Cristo Ressuscitado disse: "Recebereis uma força, a do Espírito Santo que descerá sobre vós, e sereis minhas testemunhas em Jerusalém... e até os confins do mundo" (At 1,8). O Espírito fortalece os apóstolos e os discípulos.

Assim, a Igreja, liderada pelos apóstolos e formada por todos os que aderiam com fé em Cristo Ressuscitado, continuou no mundo os seus gestos salvadores. A exemplo e em nome de Cristo, quando esteve neste mundo, a Igreja acolhe e abençoa as crianças, perdoa os pecadores, cura os enfermos, batiza as pessoas, sacia a fome e participa das bodas. Isso só é possível porque quem atua hoje no tempo da Igreja é o Espírito do mesmo Cristo.

Comente:

- A solenidade de Pentecostes abre o horizonte da vida cristã sob a ação do Espírito, que impulsiona cada um de nós a viver, diariamente e ao longo do ano, a entrega e a doação pascal, a exemplo de Cristo.
- "O Espírito daquele que ressuscitou Jesus dentre os mortos habita em vós" (Rm 8,11), mas, muitas vezes, limitamos sua ação em nós.
- Se vivemos pelo Espírito, devemos levar uma vida conforme o Espírito (Gl 5,25).

PARA CELEBRAR

A presença do Espírito Santo faz com que a Igreja seja santa e garanta que sua liturgia, o anúncio da Palavra e o serviço da caridade sejam verdadeiros e tornem presente a ação de Deus neste mundo.

A cor vermelha, usada nas comemorações litúrgicas do Espírito Santo, indica o fogo do Espírito que transforma tudo o que toca e a caridade que abrasa os corações.

Jesus foi ungido pelo Espírito no seu Batismo e é chamado de Cristo, o ungido. Na Bíblia, as pessoas são consagradas com o óleo derramado sobre elas, sinal do Espírito que age e marca para sempre a vida delas. Por isso, ele é chamado de Unção Espiritual. O óleo é perfumado, porque exala o bom odor de Cristo, o ungido do Pai.

Todos: Vinde, Espírito Santo, enchei o coração dos vossos fiéis.
e acendei neles o fogo do vosso amor.
Enviai o Vosso Espírito e tudo será criado.
E renovareis a face da terra.

Oremos: Senhor nosso Deus, que pela luz do Espírito Santo instruístes os vossos fiéis, fazei que apreciemos todas as coisas, segundo o mesmo Espírito. Por nosso Senhor Jesus Cristo, vosso Filho, na unidade do Espírito Santo. Amém.

Unidade V
Sinais do Reino

36º encontro

A Igreja, Corpo de Cristo

A Igreja é o Corpo de Cristo. Pelo Batismo fazemos parte da Igreja, portanto, somos membros do Corpo de Cristo. Ele é a Cabeça.

Catequista: A água do Batismo traz a vida do Espírito Santo para a comunidade, para todo aquele que crê e acolhe o dom de Deus em seu coração.

É a água que sacia nossa sede de conhecer e viver em Deus.

Todos: Senhor, dá-nos sempre dessa água.

PARA PENSAR

Leitura bíblica: 1Cor 12,12-14 e 27 – *Um corpo e muitas partes*.

Antigamente, na sua maioria, quem recebia o Batismo era adulto, que entrava com o corpo inteiro na fonte batismal. São

Paulo compara o gesto de ser coberto pela água com a morte de Cristo e o emergir dela, com a ressurreição. Morremos para o pecado e renascemos para a vida nova do Reino. O Batismo nos faz morrer e ressuscitar com Cristo, para tornar-nos uma coisa só com ele (Rm 6,5). Isso significa ser incorporado nele.

Recebemos o Espírito do Ressuscitado e passamos a ser sua morada, templo do Espírito. O Pai nos recebe como filhos no Filho, pois reconhece no batizado a imagem de seu Filho e o seu Espírito. Ora, se temos o Espírito de Cristo, somos parte dele. Cristo é a cabeça, nós somos os membros do seu corpo. Fica fácil entender quem é a Igreja. A Igreja é o Corpo de Cristo, isto é, o povo de batizados que conserva o seu Espírito.

A Igreja é uma comunidade, um corpo espiritual; nossa união com Cristo é como da cabeça com o corpo. Assim como é impossível um corpo continuar a viver separado da cabeça, também nós, cristãos, não seremos Igreja nem alcançaremos a salvação separados de Cristo e de quem o representa. Não somos apenas um grupo reunido em torno de Jesus ou de seus representantes, como se faz com um líder, por simples entusiasmo de suas ideias. Nossa união com ele é vital: dele, como da cabeça, é que vem a vida sobrenatural que nos vivifica como Corpo Místico, sobrenatural.

O Espírito Santo é quem une e conserva os membros desse corpo para que siga o ensinamento da Cabeça. A unção batismal capacita o fiel para as três funções messiânicas:

- **Profeta**: anuncia a Palavra, defende a Aliança, denuncia as injustiças e discerne a ação de Deus nas realidades do mundo e da história.

- **Sacerdote**: oferece a própria vida como hóstia santa, transforma a própria vida pela caridade divina.

- **Rei**: ama e serve, sobretudo, aos pobres e pequenos, colocando-se a serviço de Deus e de seu Reino.

É fundamental que honremos a graça do Batismo. Não vamos jogá-lo fora. O Batismo é como uma semente que precisa de terra fértil para brotar. O orvalho do Espírito, seguramente, não faltará. Vamos ser terra boa que favoreça o crescimento da árvore para produzir muitos frutos de caridade e de justiça. Isso significa morrer para a preguiça e o egoísmo e renascer para o bem, para o amor, servindo sempre a comunidade.

PARA CELEBRAR

Proclame: 1Cor 10,17 – O *pão que partimos não é comunhão com o corpo de Cristo?*

Catequista: *Vamos rezar pela Igreja formada pelo povo de Deus espalhado por toda a terra.*

Senhor Jesus, dai ao vosso povo renascer para a vida nova. Rezemos ao Senhor.

Todos: Senhor, escutai a nossa prece.

Catequista: *Senhor Jesus, fazei estas crianças seguidoras do vosso caminho. Rezemos ao Senhor.*

Todos: Senhor, escutai a nossa prece.

Catequista: *Senhor Jesus, fazei que todas as crianças do mundo tenham casa, pão, educação e saúde. Rezemos ao Senhor.*

Todos: Senhor, escutai a nossa prece.

Catequista: *Senhor Jesus, sustentai nossa comunidade na vivência do amor e no serviço a todos. Rezemos ao Senhor.*

Todos: Senhor, escutai a nossa prece.

Catequista: *Senhor Jesus, chamai muitos irmãos e irmãs para participarem de nossa comunidade. Rezemos ao Senhor.*

Todos: Senhor, escutai a nossa prece.

Catequista: *Senhor Jesus, dai-nos a alegria de viver a graça do nosso Batismo. Rezemos ao Senhor.*

Todos: Senhor, escutai a nossa prece.

Catequista: *Senhor Jesus, animai todas as Igrejas cristãs na fé e na prática da justiça. Rezemos ao Senhor.*

Todos: Senhor, escutai a nossa prece.

(Conclui-se com o Pai-nosso.)

37º encontro

Eucaristia, Corpo de Cristo

Trigo e uva, pão e vinho se transformam no Corpo e no Sangue do Senhor. Ele, crucificado e ressuscitado, se faz nosso alimento. Comungar o Corpo de Cristo é estar unido a ele, como os ramos à videira.

Proclame os versículos: Jo 6,33.35.48.51.53. Cada criança lê um versículo, ao que todos respondem: "Senhor, dá-nos sempre deste pão! Permaneçamos unidos nele, assim como os galhos à árvore e os ramos ao tronco da videira".

PARA PENSAR

Leitura bíblica: Jo 6,52-59 – *Permanecer em mim e eu nele*.

"No relacionamento com Jesus encontramos um alimento que fortalece e que permite a comunhão em uma só comunidade. Jesus foi o primeiro a oferecer a própria vida em favor dos homens e das mulheres. Ele é o princípio da comunidade que nos desafia a também dar a vida pelos irmãos assim como ele já o fez. Essa também é a compreensão de João em sua epístola: "Nisto sabemos o que é o amor: Jesus deu a vida por nós. Portanto, também nós devemos dar a vida pelos irmãos" (1Jo 3,16).

Assim como ele deu a sua vida, nós também devemos dar as nossas vidas por amor. É a vida cristã vivida de modo completo! Uma vida em comum que leva a amar desinteressadamente a todos aqueles que conosco vivem. No discipulado não há espaço para uma vida onde podemos escolher o que melhor nos convém e deixar de lado tudo quanto nos incomoda.

Na Eucaristia podemos manifestar nosso real compromisso com a encarnação e a morte de Jesus. Nela revivemos e reatualizamos o que Jesus fez por nós para que tenhamos sempre diante de nossos olhos o que devemos fazer pelos nossos irmãos. A Eucaristia reflete, portanto, o tipo de compromisso que temos, primeiramente, com Jesus Cristo e, depois, com a comunidade" (colaboração: Luiz Alexandre Solano Rossi).

A Eucaristia é a celebração do sacrifício de Cristo na cruz. Nela, o próprio Cristo se faz nosso alimento para comunicar-nos sua vida, sua nova aliança, e para edificar sua comunidade como seu próprio corpo.

Fazemos parte do Corpo de Cristo pelo Batismo. Recebemos o corpo eucarístico de Cristo para formarmos um corpo unido, a fim de construirmos a comunidade de fé, que assume a missão do Evangelho. O efeito que a Eucaristia produz é a comunhão de todos com Cristo e entre si. Ao receber o corpo de Cristo na Eucaristia, juntos formamos o corpo de Cristo, que é a Igreja, povo de Deus.

Ao recebermos o pão e o vinho eucarísticos, tornamo-nos unidos em Cristo. "Quem come a minha carne e bebe o meu sangue permanece em mim, e eu nele" (Jo 6,56), assim como os ramos estão unidos à videira. Uma vez que fomos alimentados por Cristo com o Pão Eucarístico, somos transformados por ele num só corpo.

Quando nos reunimos em assembleia para celebrar a Eucaristia, o sacerdote pede ao Espírito Santo para transformar o pão e o vinho no corpo e no sangue de Cristo e, logo em seguida, pede, novamente, para ele transformar o povo que celebra (assembleia litúrgica) no corpo de Cristo.

Assim, rezamos na Oração Eucarística III:

Concedei que, alimentando-nos com o corpo e o sangue do vosso Filho, sejamos repletos do Espírito Santo e nos tornemos em Cristo um só corpo e um só espírito. Fazei de nós um só corpo e um só espírito.

A videira possui um tronco largo e, a cada ano, produz ramos compridos em que brotam muitos cachos de uva. Cristo é o tronco, nós somos os ramos. Desse modo, formamos sua Igreja. A seiva que vem do tronco e alimenta os ramos é o Espírito de Cristo, que nos fortalece para produzir os frutos. Portanto, para produzirmos frutos, precisamos estar estreitamente unidos a Cristo. Isso ocorre pela Eucaristia. Quais frutos Cristo espera de nós?

PARA CELEBRAR

Catequizando, pense nos bons frutos produzidos pela comunidade, pela família e por você mesmo. *Nomeie-os*. Proclame: Jo 15,4-6 – *A videira e os ramos*.

38º encontro

Participamos da Páscoa

Pelo Batismo fomos incorporados em Cristo. Na missa, comungar significa associar-se ao sacrifício de Cristo na cruz para participar de sua ressurreição. Ele é o cordeiro imolado.

Leitor 1: Dou-vos um mandamento novo: que vos ameis uns aos outros. Como eu vos amei, amai-vos também uns aos outros (Jo 13,34).

Leitor 2: Nisso reconhecerão todos que sois meus discípulos, se tiverdes amor uns pelos outros (Jo 13,35).

Leitor 3: Ninguém tem maior amor do que aquele que dá a vida por seus amigos (Jo 15,13).

Leitor 4: A Eucaristia é o sacramento do amor de Jesus levado às últimas consequências. Comungar esse sacramento requer compromisso de viver o amor que constrói as pessoas e a comunidade.

PARA PENSAR

Leituras bíblicas: Mt 16,24 – *Condições para seguir a Jesus*; Jo 19,33-34 – O *golpe de lança*.

Se Cristo, nossa Páscoa, deu a sua vida para nos salvar, os batizados, que formamos seu corpo, devemos igualmente segui-lo e também doar a nossa vida. O cristão assume a mesma dinâmica que levou Cristo da morte à vitória sobre o tentador deste mundo.

Participamos da Páscoa de Cristo celebrando o sacrifício redentor de Cristo para que ele nos associe a esse acontecimento e renove a sua graça por meio da comunhão com seu Corpo e seu Sangue.

Cristo nos associa em sua entrega ao Pai para a salvação da humanidade. Na Eucaristia, o sacerdote eleva o pão e o vinho consagrados e diz: "Por Cristo, com Cristo, em Cristo, a vós, Deus Pai todo-poderoso, na unidade do Espírito Santo...". A assembleia responde com força e convicção: "Amém". O Cristo todo é oferecido ao Pai: cabeça e membros, que somos nós, os batizados.

Oferecemos a ele nossa vida, nosso trabalho, nossos estudos e nossa oração para o bem dos outros, da família, dos doentes, enfim, de toda a humanidade como uma oferta agradável ao Pai. Dessa forma, realizamos a Páscoa de Cristo em nossa vida e nos tornamos mais semelhantes a ele.

Assim rezamos na oração eucarística IV:

Que, reunidos pelo Espírito Santo num só corpo, nos tornemos em Cristo um sacrifício vivo para o louvor da vossa glória. Fazei de nós um sacrifício de louvor.

Na Eucaristia, descobrimos o mistério do serviço. Assim como o Senhor se entrega no pão e no vinho, a comunidade que participa desse mistério deve dedicar-se ao próximo a serviço do Evangelho de Cristo.

Um sofredor de rua, que se recuperou numa comunidade de apoio católica, repetia várias vezes a constatação que fizera e que transformara sua vida: "Não posso entrar na fila da comunhão e esquecer-me da fila da sopa, em que todos os dias entrava para comer; muito menos, deixar de lembrar-me dos meus irmãos que ficaram lá".

Esse irmão, Roberto, entendeu tão fortemente o sentido da Eucaristia que, atualmente, coordena uma casa de apoio e de recuperação dos sofredores de rua.

PARA CELEBRAR

Leitor 1: Tenham presente as palavras do Senhor Jesus, que disse: "Há mais alegria em dar que em receber" (At 20,35).

Leitor 2: Cada um dê como dispôs em seu coração, sem pena nem constrangimento, pois Deus ama a quem dá com alegria (2Cor 9,7).

Leitor 3: Exorto-vos, irmãos, pela misericórdia de Deus, a que ofereçais vossos corpos como hóstia viva, santa e agradável a Deus: este é o vosso culto espiritual (Rm 12,1).

39º encontro

A presença de Cristo

Os *discípulos de Emaús* reconhecem o Ressuscitado, quando Jesus lhes ensina a Palavra e parte o pão (cf. Jo 24,13-34). Na mesa, o cálice com vinho lembra a *última ceia* e os dois peixes, o *milagre dos pães*. Esses acontecimentos constituem uma só realidade: "Eu sou o Pão da vida".

Leitor 1: Queremos ver Jesus e assentar-se à sua mesa, mas sempre nosso coração se sente pecador!

Todos: Fica conosco, Senhor!

Leitor 2: Queremos ajudar o próximo, mas nossa vontade é fraca, por isso não encontramos Jesus.

Todos: Fica conosco, Senhor!

Leitor 3: Ouvimos a Palavra do Senhor e, muitas vezes, fechamos os ouvidos!

Todos: Fica conosco, Senhor!

Leitor 4: Somos irmãos, e o Senhor está entre nós! Quantas vezes somos egoístas e ignoramos a comunidade!

PARA PENSAR

Leitura bíblica: Lc 24,13-35 – *Os discípulos de Emaús.*

"Os dois discípulos haviam abandonado o caminho proposto por Jesus. Jerusalém havia se tornado uma cidade perigosa. O mestre já tinha sido assassinado e seria de bom tom – ou apenas covardia – abandonar o "olho do furacão" e recomeçar a vida em plena segurança em outro lugar.

Perdidos e desorientados, procuravam por novos caminhos ou, pelo menos, fugir do caminho já conhecido. "Os discípulos estavam como que cegos e por isso não o reconheciam": o tema do "ver" é bastante comum nesse relato.

Observe os versos: 23, 24, 31, 32, 35. Somente o Jesus ressuscitado tem o poder de abrir os olhos dos discípulos para que eles consigam compreender o verdadeiro significado do plano de Deus. É interessante observar que os olhos dos discípulos somente se abrirão plenamente a partir do momento em que eles mostrarem hospitalidade a um estrangeiro.

Aqueles dois discípulos estavam tomados de tristeza, desencantados e lentos em seu processo de reflexão. Precisavam, sem sombra de dúvida, ser transformados de maneira que eles pudessem novamente ser reconectados a Jesus. É a presença forte de Jesus em meio aos discípulos que os tornará fortes. Aqueles que estavam amedrontados e fugindo da missão por causa da presença de Jesus alterarão mais uma vez o caminho a seguir.

Na verdade, eles apenas corrigem a rota, ou seja, voltam de onde nunca deveriam ter partido. Mas não nos devemos esquecer de que a presença forte de Jesus foi somente sentida – o coração que ardia – quando Jesus partiu o pão. É a presença eucarística de Jesus que tem a capacidade de vencer os nossos medos e, assim, refazer a nossa vida. Na mesa eucarística chegamos fracos e saímos fortes; na mesa eucarística chegamos com medo e saímos corajosos. Na mesa eucarística chegamos com fome e saímos saciados" (colaboração: Luiz Alexandre Solano Rossi).

Hoje, Cristo está presente entre nós para nos fazer entrar em comunhão com ele. Podemos identificar sua presença na celebração eucarística:

- Na comunidade reunida, como primeiro sacramento – sinal eficaz –, o primeiro "lugar" da presença operante do Senhor: "Pois onde dois ou três estiverem reunidos em meu nome, ali estou eu no meio deles" (Mt 18,20).

- No presidente, que faz as vezes de Cristo e o torna visível como cabeça da mesma comunidade. Atua na pessoa de Cristo, pois, na Igreja, Cristo batiza, lê as Escrituras e concede a graça do sacramento.

- Na Palavra proclamada: ele é a Palavra definitiva do Pai à humanidade. Cristo se nos dá primeiro como Palavra salvadora, antes de dar-se a nós como alimento eucarístico. "Lembrem-se os fiéis de que a presença de Cristo é uma só, tanto na Palavra de Deus, 'pois quando se lê na Igreja a Sagrada Escritura é ele quem fala', como especialmente sob as espécies eucarísticas'" (*Elenco das Leituras da Missa*, n. 46).

- Cristo se identifica de modo misterioso com o pão e o vinho, que pelo Espírito são convertidos em seu corpo e sangue. É uma presença objetiva, feita realidade pela força do Ressuscitado e seu Espírito. Na Eucaristia, é o Senhor glorioso, Cristo ressuscitado, que se torna presente em nós. Nela Cristo se faz nossa comida, para comunicar-nos sua própria vida. A presença chega à sua plenitude na doação eucarística, mas já é real antes.

Essa visão global das várias presenças do Senhor em nossa vida e em nossa celebração dos sacramentos mostra a progressiva densidade de sua presença, que culmina em sua doação no pão e no vinho como refeição do Reino dada à sua comunidade.

Certa vez, dom Helder foi convidado a fazer uma procissão em desagravo ao Santíssimo Corpo de Cristo, que tinha sido profanado numa capela perto do mangue na periferia do Recife. O assaltante, ao roubar a pobre capela, levou a âmbula e deixou cair pela rua barrenta as partículas consagradas. A população mobilizou-se e chamou o bispo.

Houve a procissão e a missa. No final, dom Helder disse, enfático: "Eu continuo vendo Jesus jogado no barro". Os presentes não entenderam. Então, dom Helder repetiu por mais duas ou três vezes, cada vez com mais ênfase. Por fim, concluiu: "O Cristo continuará profanado enquanto vocês viverem amassando lama todos os dias, pois são desrespeitados em sua dignidade". O fato, relatado por dom Helder, ressalta as diversas presenças de Cristo tanto no culto como na vida.

40º encontro

A mesa da Palavra

Na missa, é Cristo quem proclama sua Palavra. Os quatro evangelistas, que escreveram sobre a vida e o ensinamento de Cristo, estão assim representados: anjo — Mateus, leão — Marcos, boi — Lucas e águia — João.

PARA PENSAR

Leitura bíblica: At 2,42-46 – *A primeira comunidade*.

A missa se articula em duas partes principais: "A liturgia da Palavra e a eucarística estão tão intimamente unidas entre si, que formam um só ato de culto. Temos a mesa do Pão da Palavra e a mesa do Pão Eucarístico, ambas formam uma só" (*Instrução Geral sobre o Missal Romano*, n. 28).

Para compor e despedir a assembleia há os *ritos iniciais* e *finais*. Os ritos iniciais têm como objetivo reunir a assembleia e prepará-la para acolher a Palavra. Essa assembleia é convocada pela

Trindade Santa como povo santo. Desde o início, entendemos que celebramos nossa vida em comunhão com a Família Trinitária e rezamos com o coração em Deus, num só pulsar. A assembleia eucarística manifesta, de forma mais plena, a Igreja – Corpo de Cristo. Por isso, celebrar envolve seriedade e contentamento de unir nossa vida com Deus para recebermos força e coragem para seguir adiante.

Esquema da liturgia da Palavra	
Primeira leitura do Primeiro Testamento	Evangelho
Salmo	Homilia
Segunda leitura do Segundo Testamento	Creio
Aclamação ao Evangelho	Oração dos fiéis

A leitura do Primeiro Testamento se relaciona diretamente com o Evangelho. Essa distribuição sublinha a unidade da história da Salvação, cujo centro é Cristo e seu Mistério Pascal.

A *liturgia da Palavra* celebra a intervenção de Deus em nossa história, recorda a ação de Deus, sempre viva e eficaz pelo poder do Espírito Santo, e manifesta o amor ativo do Pai. Jesus, depois de ler a profecia na sinagoga de Cafarnaum, enrolou o livro e disse: "Hoje se cumpre esta passagem da Escritura que acabastes de ouvir" (Lc 4,21).

As leituras da missa nos levam a compreender a continuidade da obra da salvação, oferecem os fatos e as palavras principais da história da salvação. De tal modo que aparece diante dos fiéis como algo que tem uma continuidade atual ao se fazer presente de novo o mistério pascal de Cristo, celebrado pela Eucaristia (cf. *Elenco das leituras da missa*, n. 60).

Celebrar a missa implica uma atitude fundamental: ter diante dos olhos o que fazemos em nossa vida, nossas atitudes e nossos desejos para serem iluminados por Deus e compreendê-los à luz da morte e ressurreição de Jesus.

Por isso, vale a pena manter toda a atenção na Palavra proclamada. Ficar sentados, durante as duas leituras, é uma posição de acolhida e de escuta. O Evangelho é o cume da revelação. Diz-nos Santo Agostinho: "A boca de Cristo é o Evangelho. Está sentado no céu, mas não deixa de falar na terra", por isso nos colocamos de pé, em posição de alerta, de ressuscitados e de respeito, demonstrando máxima valorização ao que está sendo proclamado, prontos para cumprir a Palavra de nossa salvação. Nada disso terá sentido, se não pusermos em prática a Boa-Nova anunciada que nos orienta e nos conduz pelo caminho da vida.

41º encontro

A mesa da Eucaristia

O pão e o vinho são sacramentos do sacrifício de Cristo, Cordeiro de Deus, ao qual permanecemos unidos como os ramos à videira. O altar é Cristo, a pedra que os construtores rejeitaram e que se tornou a pedra angular (cf. Sl 118,22). Ele está marcado com cinco cruzes, que representam as cinco chagas do Senhor. Aproximamo-nos desse mistério com atitude de vigilância para não cairmos na tentação do pecado; por isso devemos ter as lâmpadas sempre acesas (Mt 25,1-13).

Para pensar

Durante a liturgia eucarística da missa, quem preside repete as palavras de Cristo no Evangelho: "Ele tomou o pão em suas mãos, deu graças, partiu o pão e o deu aos seus discípulos...". Estes quatro verbos organizam os quatro movimentos da liturgia eucarística.

LITURGIA EUCARÍSTICA	
Ele tomou o pão... o cálice	Preparação das oferendas
Deu graças	Oração eucarística
Partiu o pão	Fração do pão
E o deu	Comunhão

Preparação das oferendas: forma-se a procissão do pão e do vinho que são levados ao altar

"No pão e no vinho, toda a criação é assumida por Cristo Redentor para ser transformada e apresentada ao Pai. Nesta perspectiva, levamos ao altar também todo o sofrimento e tribulação do mundo, na certeza de que tudo é precioso aos olhos de Deus [...] esse gesto permite valorizar a participação primeira que Deus pede ao homem, ou seja, levar em si mesmo a obra divina à perfeição" (BENTO XVI. *Sacramento da Caridade*. São Paulo: Paulinas, 2007, n. 47).

A *oração eucarística* foi inspirada nas grandes orações judaicas e tem o caráter de bênção e de ação de graças ao Pai pela maravilha de sua criação e, principalmente, por tê-la levado à perfeição com a redenção que Cristo protagonizou com sua morte e ressurreição. Damos graças porque o Pai nos santifica com o seu Espírito, conduzindo-nos de volta a ele.

Na aclamação do *Santo*, a Igreja, unindo sua voz à dos anjos, convoca toda a natureza para louvar o Pai. A presença de Cristo no pão e no vinho suscita: "Um processo de transformação da realidade, cujo termo último é a transfiguração do mundo inteiro, até chegar àquela condição em que Deus seja tudo em todos (1Cor 15,28)" (BENTO XVI. *Sacramento da Caridade*, n. 11).

Cada Eucaristia que celebramos acelera a vinda do Reino, por isso dizemos: "Anunciamos tua morte e ressurreição. Vem, Senhor Jesus!". Nas intercessões da prece eucarística, a Igreja une-se aos seus membros que já se encontram com o Pai, nossos irmãos falecidos, e invoca a Virgem Maria, os apóstolos e os santos que nos precedem na glória.

Assim, a Igreja peregrina neste mundo e a Igreja gloriosa proclamam um só louvor ao Pai, por Cristo e na força do Espírito. No gesto *Por Cristo, com Cristo e em Cristo...*, a Igreja – corpo de Cristo –, formada por nós, os batizados, é associada ao sacrifício de Cristo e sela solenemente com o *Amém* o nosso sim à oferta de Cristo ao Pai.

"O gesto da fração do pão, que por si só designava a Eucaristia nos tempos apostólicos, manifestará mais claramente o valor e a importância do sinal da unidade de todos em um só pão, e da caridade fraterna pelo fato de um único pão ser repartido entre os irmãos" (*Instrução Geral do Missal Romano*, n. 321).

Na procissão para a comunhão, vamos ao encontro de Cristo como uma comunidade de irmãos. A comunhão é o ato de receber o sacramento do seu corpo entregue e de seu sangue derramado para que nos transformemos naquilo que recebemos. É o ponto culminante da participação litúrgica. Para receber a comunhão: "O modo mais expressivo é o de estender a mão esquerda, bem aberta, fazendo com a direita, também estendida, 'como um trono' [...] para em seguida com a direita tomar o Pão e comungar ali mesmo, antes de voltar a seu lugar. Não se 'pega' o Pão oferecido com os dedos – à maneira de pinças –, mas deixa-se que o ministro o deposite dignamente na palma aberta da mão" (ALDAZÁBAL, José. *Gestos e símbolos*. São Paulo: Loyola, 2005. p. 127).

Os *ritos finais* marcam o envio dos fiéis (do latim, *missio*: missão, envio) para que cumpram a vontade de Deus em sua vida cotidiana.

> A oração eucarística nos educa para ter sentimentos e atitudes de louvor e de reconhecimento da gratuidade do Pai, que nos cumulou de tantos dons: a vida, a natureza, os rios, o mar. Amou-nos tanto que nos enviou o seu Filho único para nos salvar. São Paulo nos ensina: "Em tudo dai graças" (1Ts 5,18). Essa é a postura que cabe ao cristão. Por isso sempre dizemos: "Todo bem e toda fartura vêm do Pai".

42º encontro

O domingo

Só existe o dia do Senhor, se celebramos a memória gloriosa de sua Páscoa para permanecermos unidos nele, como a oliveira enxertada. "Tu, oliveira silvestre, foste enxertada (...), assim, te tornaste participante da raiz e da seiva da oliveira cultivada (...) não és tu que sustentas a raiz, mas é a raiz que te sustenta" (Rm 11,17-18).

PARA PENSAR

Leituras bíblicas: Jo 20,19.26; At 20,7; Ap 1,10 – *No dia do Senhor*.

Desde o início, a comunidade cristã reúne-se para a fração do pão no dia do Senhor. Em latim, domingo vem de *dominus*, que quer dizer: Senhor. "O dia em que Cristo ressuscitou dos mortos, o domingo, é também o primeiro dia da semana, aquele em que a tradição do Antigo Testamento contemplava o início da criação. O dia da criação tornou-se agora o dia da 'nova criação', o dia da nossa libertação, no qual fazemos memória de Cristo morto e ressuscitado" (BENTO XVI. *Sacramento da caridade*, n. 36).

O primeiro dia da semana, o da ressurreição, logo no início do cristianismo, foi aquele em que os cristãos começaram a se encontrar para a celebração da ceia. Reuniam-se nas casas, rezavam e partiam o pão. Assim como eles, nós continuamos a nos encontrar aos domingos, fazendo o mesmo que eles. Tornou-se o dia da festa primordial, porque, nele, celebramos o mistério pascal de Cristo e da Igreja. A Páscoa semanal faz memória da presença viva do Senhor na comunidade.

O cristão foi enxertado em Cristo para sempre pelo Batismo. Agora, cabe-lhe levar uma vida que corresponda a esse dom. A transformação interior batismal deverá, aos poucos, consolidar e aprofundar-se pela participação nas eucaristias dominicais. Supõe-se que o batizado vive a Páscoa de Cristo cada vez mais real e plenamente; dessa forma, poderá oferecer o sacrifício de louvor de toda a sua vida de compromisso com o bem, com a justiça e de entrega ao Reino.

A vivência cristã do domingo tem seu momento privilegiado na celebração eucarística, em que os cristãos são convocados pelo Senhor e por seu Espírito e alimentados pela Palavra e por seu corpo e sangue. "A Igreja obriga os fiéis a participar da santa missa todo domingo e nas festas de preceito, e recomenda que dela se participe também nos outros dias" (*Compêndio do Catecismo da Igreja Católica*, n. 289).

Você e sua família procuram celebrar o domingo da forma como vimos hoje? Para muitas pessoas, o domingo é lembrado e vivido somente para o lazer. Claro que precisamos do lazer, mas, antes, é muito importante reunir-se com a comunidade, dar graças a Deus pela semana vivida e buscar forças para a semana que se inicia. Agora, sim, o lazer tem outro resultado!

Unidade VI
Preparação próxima

43º encontro

O sacramento da penitência

O pai bondoso, imagem de Deus Pai, faz festa pelo retorno do filho mais novo que o abandonara. Acolhe-o novamente na condição de filho e herdeiro (devolve-lhe o anel, as sandálias e o manto). O filho mais velho tem outra atitude (cf. Lc 15,11-31).

ATO DE CONTRIÇÃO

Senhor; eu me arrependo sinceramente de todo mal que pratiquei e do bem que deixei de fazer.
Pecando, eu vos ofendi, meu Deus e sumo bem, digno de ser amado sobre todas as coisas.
Prometo firmemente, ajudado com a vossa graça, fazer penitência e fugir às ocasiões de pecar. Amém.

PARA PENSAR

Leitura bíblica: Lc 15,11-31 – *A parábola do filho pródigo*.

"A parábola contém a ideia de que aquele que recebe a bênção não a merece. O filho pródigo não merece ser aceito com toda a honra, pois já havia tomado o que acreditava ser seu e esbanjado tudo. Nada mais lhe restava na casa de seu pai. Ele mesmo tinha consciência dessa realidade. Não tinha mais nenhum direito legal. Somente a bondade, o amor e a compaixão levam o pai a proceder de uma maneira solidária. Nada havia no filho que pudesse ser usado para exigir tal ação do pai.

A lição se encontra na maneira com que o pai agiu e não na atitude de desvio e retorno do filho. O que acontece com o filho que retorna é o mais claro cenário do amor, da graça, da misericórdia e da compaixão que domina o Reino de Deus.

O mais novo pensa que pode viver longe do pai e que sua independência financeira seria sinônimo de liberdade. Após algum tempo ele desenvolverá a consciência de que se encontra na mais terrível das prisões e, pior do que isso, sem a presença do pai. Mas a parábola insiste em dizer o tempo todo que por mais que o filho mais novo estivesse distante física e geograficamente, a sua presença continuava forte e revigorante no coração do pai. O pai não permite que o filho se ausente de sua vida. O coração do pai bate no ritmo do coração do filho.

Apenas próximo ao pai que se tem a plena liberdade. Quando ele volta de sua longa peregrinação, o pai pode afirmar a novidade de vida do filho. Celebra-se a vida por causa dele. E o filho mais velho se enche de ciúme principalmente porque não conhece o coração de seu próprio pai. Estava junto a ele todo o tempo, mas distante de seu coração. 'Tudo o que é meu é seu' resume quão precioso era o filho mais velho.

Dois filhos que chamam a atenção por causa da distância em que se colocam do pai. Vivem, sem dúvida, experiências diferentes. Mas tanto na experiência de um quanto na experiência de outro a parábola deseja ensinar que o amor de Deus transborda na vida de cada filho. Somos preciosos aos olhos de Deus" (colaboração: Luiz Alexandre Solano Rossi).

Em seu tempo, Cristo perdoou os pecadores e condenou o pecado, nunca a pessoa. Seu olhar sempre foi de misericórdia, de compreensão e de estímulo para que as pessoas mudassem de vida.

Pelo Batismo somos perdoados de todos os nossos pecados, inclusive do pecado original, isto é, aquele que provém de nossos primeiros pais e que já nascemos com ele. Mas, durante a vida, permanece nossa inclinação para o mal, por isso somos fracos e cedemos à tentação da preguiça e não colaboramos com os trabalhos de escola ou de casa. A vaidade nos arrebata e queremos ser mais do que os outros. Ainda crianças, já temos consciência de que não fazemos tudo corretamente.

Todos necessitamos melhorar, corrigir nossos vícios e maldades e sermos mais generosos, prontos para fazer o bem. Por isso Jesus nos diz no começo do Evangelho de Marcos: "Cumpriu-se o tempo e o Reino de Deus está próximo. Arrependei-vos e crede no Evangelho" (1,14). Esse movimento interior e pessoal de arrependimento e de mudança de vida, considerado do mal para o bem, chamamos de conversão.

A Igreja continua até hoje a missão de Cristo de perdoar, salvar e curar, para que todos nós alcancemos a felicidade plena junto do Pai. Pelo sacramento da Penitência, a Igreja manifesta o perdão de Cristo; o fiel se reconcilia com Deus e com os irmãos (a Igreja) com o sério propósito de se corrigir.

Para receber esse sacramento, devemos dar alguns passos:

- *Exame de consciência.* Refletir sobre o que fizemos de errado, quem ofendemos e o que deixamos de fazer pelo próximo.

- *Arrependimento.* Devemos ter a firme vontade de não cometer erros.

- *Confissão dos pecados (ato de contrição) e absolvição.* Em particular, diante do sacerdote, dizemos nossos pecados. Ele, em nome de Cristo, nos acolhe com nossas fraquezas, nos orienta, nos diz a penitência que devemos fazer. Pede que rezemos o ato de contrição e, depois, pronuncia a oração de absolvição dos pecados.

- *Penitência*. Cabe-nos cumprir o que o sacerdote nos indicará após dizermos nossos pecados. Esses atos nos ajudam a reparar o mal que fizemos.

A recompensa de confessar os pecados é que nos tornamos mais alegres e felizes, porque temos a certeza da amizade de Deus em nosso coração e da construção de um mundo mais humano e solidário.

Vamos nos lembrar das pessoas que ofendemos e, de coração, pedir perdão. Por outro lado, se guardamos ressentimentos de uma pessoa que nos ofendeu, vamos perdoá-la. Se nos lembramos de um fato ou situação que nos chateia ou magoa, procuremos esquecer e voltar à amizade de antes.

Depois da primeira confissão, "todo fiel é obrigado a confessar os próprios pecados graves pelo menos uma vez ao ano" (*Compêndio do Catecismo Romano*, n. 305).

PARA CELEBRAR

Oração de absolvição que o sacerdote reza ao perdoar os pecados:

Deus, Pai de misericórdia,
Que, pela morte e ressurreição de seu Filho,
Reconciliou o mundo consigo e enviou o Espírito Santo
Para a remissão dos pecados,
Te conceda, pelo ministério da Igreja,
O perdão e a paz.
E eu te absolvo dos teus pecados,
Em nome do Pai, e do Filho, e do Espírito Santo. Amém.

Celebração do perdão
Deus nos procura

Jesus é o Bom Pastor. As ovelhas escutam sua voz/flauta (cf. Jo 10) e seu cajado lhes dá segurança (Sl 23,1.4). Jesus busca aquela ovelha que se perdeu no caminho do mal e a traz nos ombros (Lc 15,1-7).

CELEBRANTE

Queridas crianças: pelo Batismo nos tornamos filhos e filhas de Deus.
Ele nos ama como um Pai e deseja que o amemos de todo o coração.
Mas deseja também que sejamos bons uns para com os outros
para que todos juntos vivamos felizes.
Entretanto, nem sempre as pessoas agem
de acordo com a vontade de Deus.
Elas dizem: "Não obedeço! Eu faço o que quero!".
Não obedecem a Deus nem querem ouvir a sua voz.

Também nós fazemos assim muitas vezes.
Isso é o que chamamos pecado,
pelo qual nos afastamos de Deus.
Se for um pecado grave,
nós nos separamos completamente dele.
O que Deus faz quando alguém se afasta dele?
O que ele faz quando abandonamos o caminho certo
e corremos o risco de perder a verdadeira vida?
Será que se afasta de nós, ofendido?

Após a oração, acontecem a celebração da Palavra e o exame de consciência. Em seguida, vem a Oração sobre os não batizados (catecúmenos), se houver no grupo.

UNÇÃO DOS CATECÚMENOS

O Cristo Salvador dê a vocês a sua força,
simbolizada por este óleo da salvação.
Com ele, ungimos vocês no mesmo Cristo,
Senhor nosso, que vive e reina para sempre.

Cada um é ungido com o óleo dos catecúmenos no peito, em ambas as mãos ou em outras partes do corpo, se parecer oportuno. Quem preside, em silêncio, impõe a mão sobre cada um dos catecúmenos.

ATO PENITENCIAL

Muitas vezes não nos comportamos como filhos e filhas de Deus.

R.: Mas Deus nos ama e nos procura.

Aborrecemos nossos pais e mestres.

R.: Mas Deus nos ama e nos procura.

Brigamos e falamos mal de nossos companheiros.

R.: Mas Deus nos ama e nos procura.

Fomos preguiçosos em casa (na escola)

e não ajudamos nossos pais (irmãos e colegas).

R.: Mas Deus nos ama e nos procura.

Fomos distraídos e mentirosos.

R.: Mas Deus nos ama e nos procura.

Não fizemos o bem quando podíamos.

R. Mas Deus nos ama e nos procura.

Agora, em união com Jesus, nosso irmão,

vamos falar com nosso Pai do céu e pedir que nos perdoe.

Com calma, dirija-se ao padre para fazer a sua primeira confissão individual. É um momento de conversa com alguém que vai lhe ouvir e aconselhar como um grande amigo. Não precisa ter medo! Deus é bom e ama seus filhos. Tudo o que incomodar seu coração deve ser dito ao padre para que ele possa ajudá-lo a ser melhor.

ATO DE CONTRIÇÃO E PROPÓSITO

O ato de contrição e o propósito de emenda podem ser manifestados desta forma: cada criança acende sua vela em lugar apropriado e diz em seguida:

"Pai, arrependo-me de ter praticado o mal,
e não ter feito o bem.
Vou me esforçar para me corrigir *(aqui se exprime um propósito determinado)*
e caminhar na vossa luz."

Em lugar da vela ou junto com esta, deposite uma folha onde tenha escrito essa oração e o propósito. Se isso não for possível, reze em conjunto a referida oração, com um propósito genérico.

ORAÇÃO DO CELEBRANTE

Nosso Deus e Pai nos procura todas as vezes
que nos afastamos do caminho certo,
e está sempre pronto a dar-nos o seu perdão.
Por isso, que Deus todo-poderoso tenha misericórdia de vós,
perdoe os vossos pecados e vos conduza à vida eterna.
Amém.

Batismo dos catecúmenos e renovação das promessas batismais

Quando alguém batiza, é Cristo mesmo quem batiza, e estão presentes o Pai e o Espírito Santo. Nas águas batismais morremos com Cristo para o pecado e renascemos com ele para a vida de ressuscitados.

APRESENTAÇÃO DOS ELEITOS E EXORTAÇÃO DE QUEM PRESIDE

Celebrante: Caros fiéis, apoiemos com nossas preces a alegre esperança dos nossos irmãos e irmãs (N. e N.), que, com o consentimento dos pais, pedem o santo Batismo, para que Deus todo-poderoso acompanhe com sua misericórdia os que se aproximam da fonte do novo nascimento.

ORAÇÃO SOBRE A ÁGUA

Quem preside:

Ó Deus, pelos sinais visíveis dos sacramentos
realizais maravilhas invisíveis.
Ao longo da história da salvação, vós vos servistes da água
para fazer-nos conhecer a graça do Batismo.
Já na origem do mundo vosso espírito pairava sobre as águas
para que elas concebessem a força de santificar.

Todos: Fontes do Senhor, bendizei o Senhor.

Quem preside:

Nas próprias águas do dilúvio, prefigurastes o nascimento
da nova humanidade, de modo que a mesma água
sepultasse os vícios e fizesse nascer a santidade.
Concedestes aos filhos de Abraão atravessar o mar Vermelho
a pé enxuto para que, livres da escravidão, prefigurassem
o povo nascido na água do Batismo.

Todos: Fontes do Senhor, bendizei o Senhor.

Quem preside:

Vosso Filho, ao ser batizado nas águas do Jordão,
foi ungido pelo Espírito Santo.
Pendente da cruz, do seu coração aberto pela lança,
fez correr sangue e água.
Após sua ressurreição, ordenou aos apóstolos:
"Ide, fazei meus discípulos todos os povos,
e batizai-os em nome do Pai, e do Filho, e do Espírito Santo".

Todos: Fontes do Senhor, bendizei o Senhor.

Quem preside:

Olhai agora, ó Pai, a vossa Igreja,
e fazei brotar para ela a água do Batismo.

Que o Espírito Santo dê por esta água a graça de Cristo,
a fim de que homem e mulher, criados à vossa imagem,
sejam lavados da antiga culpa pelo Batismo
e renasçam pela água e pelo Espírito Santo
para uma vida nova.
Nós vos pedimos, ó Pai, que por vosso Filho desça
sobre esta água a força do Espírito Santo.
E todos os que, pelo Batismo, forem sepultados na morte
com Cristo, ressuscitem com ele para a vida.
Por Cristo, nosso Senhor.

Todos: Amém.
Fontes do Senhor, bendizei o Senhor!
Louvai-o e exaltai-o para sempre!

PROFISSÃO DE FÉ DAS CRIANÇAS CATECÚMENAS

Quem preside, voltado para os catecúmenos, diz:

Agora, N. e N., diante da Igreja, antes de vocês serem batizados, renunciem ao demônio e proclamem a sua fé.

N. e N., vocês pediram o Batismo e tiveram muito tempo de preparação. Seus pais aprovaram o desejo de vocês; seus catequistas, colegas e amigos os ajudaram; e todos hoje prometem que vão lhes dar o exemplo de sua fé e ajudá-los como irmãos. Agora, diante da Igreja, vocês farão a profissão de fé e serão batizados.

RENÚNCIA

Quem preside: Para viver na liberdade dos filhos de Deus, vocês renunciam ao pecado?

Os eleitos: Renuncio.

Quem preside: Para viver como irmãos, vocês renunciam a tudo o que causa desunião?

Os eleitos: Renuncio.

Quem preside: Para seguir Jesus Cristo, vocês renunciam ao demônio, autor e princípio do pecado?

Os eleitos: Renuncio.

PROFISSÃO DE FÉ

Quem preside: Crês em Deus Pai todo-poderoso, criador do céu e da terra?

A criança: Creio.

Quem preside: Crês em Jesus Cristo, seu único Filho, nosso Senhor, que nasceu da Virgem Maria, padeceu e foi sepultado, ressuscitou dos mortos e subiu ao céu?

A criança: Creio.

Quem preside: Crês no Espírito Santo, na santa Igreja Católica, na comunhão dos Santos, na remissão dos pecados, na ressurreição dos mortos e na vida eterna?

A criança: Creio.

(Depois de sua profissão de fé, cada um é imediatamente batizado.)

BANHO BATISMAL

N., eu te batizo em nome do Pai,

(mergulha o eleito ou derrama a água pela primeira vez)

E do Filho,

(mergulha o eleito ou derrama a água pela segunda vez)

E do Espírito Santo

(mergulha o eleito ou derrama a água pela terceira vez).

UNÇÃO DEPOIS DO BATISMO

Deus todo-poderoso, Pai de nosso Senhor Jesus Cristo,
que fez vocês renascerem pela água e pelo Espírito Santo
e os libertou de todos os pecados, unge suas cabeças
com o óleo da salvação para que vocês façam parte de seu
povo,
como membros do Cristo, sacerdote, profeta e rei,
até a vida eterna.

Os batizados: Amém.

VESTE BATISMAL

359. **Quem preside** diz:

N. e N., vocês nasceram de novo e se revestiram de Cristo. Recebam, portanto, a veste batismal, que devem levar sem mancha até a vida eterna, conservando a dignidade de filho e filha de Deus.

Os batizados: Amém.

ENTREGA DA LUZ

Aproximem-se os padrinhos e madrinhas, para entregar a luz aos que renasceram pelo Batismo.

*(Os **padrinhos** e **madrinhas** aproximam-se, acendem uma vela no círio pascal e entregam-na ao afilhado. Depois disso, **quem preside** diz:)*

Deus tornou vocês luz em Cristo. Caminhem sempre como filhos da luz, para que, perseverando na fé, possam ir ao encontro do Senhor com todos os Santos no reino celeste.

Os batizados: Amém.

(Cada criança e os adultos presentes se dirigem ao círio para acender sua vela.)

Quem preside: Prezados pais, padrinhos, familiares e crianças, pelo mistério pascal fomos no Batismo sepultados com Cristo para vivermos com ele uma vida nova. Quando fomos batizados, não pudemos consentir com nossa própria voz ao dom da fé que estávamos recebendo. Hoje, terminado este período de aprofundamento da fé, renovemos as promessas do nosso Batismo, pelas quais renunciamos às obras más e prometemos servir a Deus na Igreja. Para viver na liberdade dos filhos de Deus, vocês renunciam ao pecado?

R.: Renuncio.

Quem preside: Para viver como irmãos, vocês renunciam a tudo o que causa desunião?

R.: Renuncio.

Quem preside: Para seguir Jesus Cristo, vocês renunciam ao demônio, autor e princípio do pecado?

R.: Renuncio.

PROFISSÃO DE FÉ

Quem preside: Crês em Deus Pai todo-poderoso, criador do céu e da terra?

R.: Creio.

Quem preside: Crês em Jesus Cristo, seu único Filho, nosso Senhor, que nasceu da Virgem Maria, padeceu e foi sepultado, ressuscitou dos mortos e subiu ao céu?

R.: Creio.

Quem preside: Crês no Espírito Santo, na santa Igreja Católica, na comunhão dos Santos, na remissão dos pecados, na ressurreição dos mortos e na vida eterna?

R.: Creio.

Quem preside: Esta é a nossa fé, que da Igreja recebemos e sinceramente professamos, razão de nossa alegria em Cristo, nosso Senhor.

Orações

PAI-NOSSO

Pai nosso que estais nos céus,
santificado seja o vosso nome,
venha a nós o vosso Reino,
seja feita a vossa vontade
assim na terra como no céu;
o pão nosso de cada dia
nos dai hoje, perdoai-nos as nossas ofensas,
assim como nós perdoamos a quem nos tem ofendido
e não nos deixeis cair em tentação,
mas livrai-nos do mal. Amém.

AVE-MARIA

Ave, Maria, cheia de graça, o Senhor é convosco;
bendita sois vós entre as mulheres
e bendito é o fruto do vosso ventre, Jesus.
Santa Maria, Mãe de Deus, rogai por nós,
pecadores, agora e na hora de nossa morte. Amém.

ANJO DA GUARDA

Santo Anjo do Senhor, meu zeloso guardador,
já que a ti me confiou a piedade divina,
sempre me rege, me guarda, me governa e ilumina.
Amém.

O ANJO DO SENHOR

O Anjo do Senhor anunciou a Maria.
E ela concebeu do Espírito Santo.
Ave, Maria...
Eis aqui a serva do Senhor.
Faça-se em mim segundo a vossa Palavra.
Ave, Maria...
E o Verbo se fez carne.
E habitou entre nós.
Ave, Maria...
Rogai por nós, Santa Mãe de Deus,
Para que sejamos dignos das promessas de Cristo.

OREMOS

Infundi, Senhor, em nossas almas a vossa graça,
para que, conhecendo pela anunciação do Anjo
a encarnação de vosso Filho bem-amado,
cheguemos por sua Paixão e Cruz à glória da ressurreição.
Por nosso Senhor Jesus Cristo, vosso Filho,
na unidade do Espírito Santo. Amém.

SALVE-RAINHA

Salve Rainha, Mãe de misericórdia, vida, doçura,
esperança nossa, salve! A vós bradamos, os degredados filhos de Eva,
a vós suspiramos, gemendo e chorando neste vale de
lágrimas.
Eia, pois, advogada nossa, esses vossos olhos misericordio-
sos a nós volvei,
e, depois deste desterro, mostrai-nos Jesus, bendito fruto
de vosso ventre,
ó clemente, ó piedosa, ó doce sempre Virgem Maria.
Rogai por nós, Santa Mãe de Deus!
Para que sejamos dignos das promessas de Cristo.

GLÓRIA-AO-PAI

Glória ao Pai, ao Filho e ao Espírito Santo,
como era no princípio, agora e sempre. Amém.

À VOSSA PROTEÇÃO

À vossa proteção recorremos, santa Mãe de Deus.
Não desprezeis as nossas súplicas em nossas necessidades,
mas livrai-nos sempre de todos os perigos, ó Virgem gloriosa e bendita.

Paulinas

Rua Dona Inácia Uchoa, 62
04110-020 – São Paulo – SP (Brasil)
Tel.: (11) 2125-3500
paulinas.com.br – editora@paulinas.com.br
Telemarketing e SAC: 0800-7010081